Michael Zielonka

W0385345

Heiter durch das Kirchenjahr

Kleine Geschichten für aufgeweckte Christen

benno VERLAG

Bruno Grünberger,
Prior emeritus plagensis,
in zwetschgenrösterischer Komplizenschaft,
siehe „Messdiener-Rache“ S. 86

Bibliografische Information Der Deutschen Bibliothek

Die Deutsche Bibliothek verzeichnet diese Publikation in der Deutschen Nationalbibliografie; detaillierte bibliografische Daten sind im Internet über http://dnb.ddb.de abrufbar.

ISBN 3-7462-1644-3
© St. Benno-Verlag GmbH 2003
04159 Leipzig, Stammerstr. 11
www.st-benno.de
Umschlaggestaltung: Ulrike Vetter, Leipzig, unter Verwendung eines Bildes von Karsten Lackmann, Altötting
Gesamtherstellung: Kontext, Lemsel

Michael Zielonka
Heiter durch das Kirchenjahr

Inhalt

Advent

Mit Herz und mit Hand – aber auch mit den Füßen!

Das brennende Herz als Herz Jesu, Herz Mariä oder als Herz des hl. Augustinus ist in der Kirche häufig zu Ehren gekommen. Die bildnerische Innenausstattung vieler unserer Kirchen stellt das unter Beweis.

Der ausgestreckte Zeigefinger ist schon weniger häufig zu sehen. Das ist insofern erfreulich, als auch die Christen ihn als moralisch aufgereckten Zeigefinger missbrauchten – in Wilhelm-Busch-Manier! – oder als Finger, der auf das schwarze Schaf verweist. Der schönste Zeigefinger ist noch immer der, den Matthias Grünewald malte. Er gehört Johannes dem Täufer und weist gebieterisch wie ein Wegweiser auf Jesus als den Messias hin.

Nur die Füße sind in unserer Kirche kaum zu Ehren gekommen. Dabei ruft Deuterojesaja (52,7): „Wie schön sind doch auf den Bergen die Füße des Freudenboten, der Frieden ankündigt, der eine frohe Botschaft bringt und Rettung verhieß …" Den adventlichen Menschen in der Babylonischen Gefangenschaft müssen die Füße des Freudenboten beflügelt erschienen

sein. Nicht geflügelte Worte, sondern beflügelte Füße!
Im Liedgut von Advent und Weihnachten hört man entsprechend viel Bewegung von Füßen:
„Sohn der Jungfrau, eil' herzu",
„bald kommt, bald kommt Emmanuel",
„die Hirten geschwind, hineilen zum Kind".
Und wir Lahmen? Werden wir uns in diesem Advent auf die Füße stellen? Werden wir uns bewegen?

Vom Nikolaus zum Weihnachtsmann

Die Gemahlin Kaiser Ottos II. kam aus dem oströmischen Reich. Diese Frau mit dem seltenen Namen Theophanu kannte die Gestalt des heiligen Nikolaus und machte ihn in unseren Breiten bekannt. Wir schreiben das Jahr 973, doch noch heute verbindet uns die Verehrung dieses Heiligen mit der Ost-, sprich: mit der orthodoxen Kirche.
Den heiligen Nikolaus muss man einfach verehren. Er war ja ein zutiefst priesterlicher Mensch, der die Menschen liebte, für die er in Myra, – das heißt jetzt Demre und liegt in der heutigen Türkei – Bischof geworden war. Wie Martinus und Augustinus soll er es nur widerstrebend geworden sein. Wir schreiben das Jahr 300. Ungefähr. Jedenfalls nahm Nikolaus 325 am Konzil von Nizäa teil; das ist durch seine Unterschrift belegt.

Als drei Schwestern mangels Mitgift nicht heiraten konnten, warf er ihnen – als Erbe reicher Eltern – drei Geldbeutel oder drei goldene Kugeln durchs offene Fenster – oder durch den Kamin. Da dort zum Trocknen gerade Strümpfe hingen, kann man sich leicht vorstellen, dass ein Geldbeutel akkurat da hineinfiel – und die Legendenbildung begann.

Als wegen einer Hungersnot nicht mehr genügend Lebensmittel in der Stadt waren, bewegte er den Kapitän eines im Hafen liegenden Schiffes, aus der geladenen Fracht Getreide herauszugeben. Bald überschlagen sich die Legenden dieser Art, so dass die Kirche des Mittelalters ihn zu den vierzehn Nothelfern zählte.

Kein Wunder, dass die Menschen begannen, sich an seinem Todestag, dem 6. Dezember, gegenseitig zu beschenken,

„Nikolaus komm in unser Haus,
pack die großen Taschen aus.
Lustig, lustig traleralala.
Heut' ist Nikolausabend da."

Wie kann man am Todestag des heiligen Nikolaus lustig, lustig traleralala singen? Weil der Todestag eines Heiligen als sein Geburtstag für den Himmel gilt. Weil die Erwachsenen aber bei vielen Kinderliedern gerade einmal die erste Strophe hinbekommen, sei die zweite Strophe dieses Liedes hier nachgereicht:

„Stell das Pferdchen untern Tisch,
dass es Heu und Hafer frisst.
Lustig, lustig traleralala.
Heut' ist Nikolausabend da."

Doch das Fest war eines schönen Tages degeneriert, weil aus dem Nikolaus die vielen Nikoläuse geworden waren. Darum verlegte Martin Luther das gegenseitige Sich-Beschenken auf das Weihnachtsfest. Er stellte dem Nikolaus das Christkind als Gaben bringende liebliche Engelsgestalt gegenüber. Von Luther ungewollt wurde aus dem Nikolaus nun langsam der Weihnachtsmann. Während in katholischen Gegenden das Christkind die Gaben brachte, sollte er für die evangelischen Gegenden prägend werden. Rotgewandet trat der Weihnachtsmann auf, immerhin in der früher üblichen Bischofstracht.
Die Kapuze auf dem Kopf hatte sich nach und nach aus der Bischofsmütze, der Mitra, entwickelt. An dieser Entwicklung hatte der Maler Moritz von Schwind gewichtigen Anteil, als er für den weit verbreiteten Münchener Bilderbogen den „Herrn Winter" in einem Holzschnitt darstellte. Angetan mit einem Kapuzengewand, den Gabensack unter dem Arm, lässt er ihn durch den Schnee stapfen. Außer dem Gabensack führt er auch eine Rute mit, so dass das Bestrafen und Belohnen der Kinder in einer Hand lag. Die Rute war wie ein Zaunpfahl der bürgerlichen Erziehung des 19. Jahrhunderts.
In der Tat: wir schreiben das Jahr 1847.
Im Zeigefinger-Pädagogikbuch „Der Struwwelpeter" aus dem Jahre 1845 ist es nicht der Weihnachtsmann, sondern noch der Nikolaus, der vor den Knaben Ludwig, Kaspar und Wilhelm in aller Strenge erscheint. Auch dies entsprach ganz der moralisie-

renden Kindererziehung jener Zeit. Die genannten Knaben hatten sich nämlich über einen „kohlpechrabenschwarzen Mohren" lustig gemacht, „weil er so schwarz wie Tinte sei!"

„Da kam der große Nikolaus
mit seinem großen Tintenfass.
Der sprach: Ihr Kinder, hört mir zu
und lasst den Mohren hübsch in Ruh'!
Was kann denn dieser Mohr dafür,
dass er so weiß nicht ist wie ihr?"

Eine Anfrage, die heute, in Zeiten wachsenden Rassismus, wieder aktuell geworden ist. Die drei Knaben folgen nämlich nicht und müssen deswegen die verdiente Strafe erleiden:

„Bis übern Kopf ins Tintenfass
tunkt' sie der große Nikolas."

An der Verbreitung des Wortes „Weihnachtsmann", das 1820 ausgerechnet in Posen in einem Buch über die deutsche Sprache erstmals erwähnt wird, war der Dichter des Deutschlandliedes Hoffmann von Fallersleben beteiligt, als er 1835, kriegerisch zwar, aber das Thema durchaus nicht verfehlend, reimte:

„Morgen kommt der Weihnachtsmann,
kommt mit seinen Gaben.
Trommel, Pfeifen und Gewehr,
Fahn und Säbel und noch mehr,
ja, ein ganzes Kriegesheer
möcht ich gerne haben."

Ein bisschen Gott-Vater, ein bisschen Jesus, ein bisschen Nikolaus, ein bisschen Väterchen Frost – von

all dem hat der Weihnachtsmann etwas. Am Gottesbild jener Zeit, hatte ein Holzstich von Julius Schnorr von Carolsfeld aus dem Jahre 1860 gewichtigen Anteil. Und in der Tat sehen sich der Gott mit Rauschebart von Carolsfeld und der Herr Winter von Schwind dummerweise verblüffend ähnlich. Der Weihnachtsmann unterscheidet sich immerhin noch vom Schneemann dank dessen Möhrennase, aber man muss aufpassen, dass ihm nicht noch weitere Charakterzüge angedichtet werden.
In der Werbung für Weihnachtsgeschenke sieht der Weihnachtsmann mehr und mehr aus wie ein sanft vertrottelter, nicht mehr bloß gutmütiger, sondern dümmlicher Greis. Die Verkitschung des Nikolaus hatte mit seiner Verniedlichung begonnen und nachdem der Brauch seine Rückbindung an die dazugehörige Liturgie verlor, wurde der Weihnachtsmann freie Verfügungsmasse. Jetzt fehlt nur noch, dass der Alm-Öhi aus der Heidi-Geschichte in ihn einfließt.
Der Knecht Ruprecht hat sich bislang noch als eine vom Weihnachtsmann gesonderte Gestalt erhalten können. Denn man wollte, dass Nikolaus und Christkind freiblieben vom Bestrafen der Kinder. Darum war Knecht Ruprecht Begleiter des Christkinds, um den Gabensack zu tragen und den unartigen Kindern einmal die Rute zu zeigen. Dem Zeigen und Betätigen der Rute verdankt Knecht Ruprecht wohl seinen Namen. Ruprecht bedeutet nämlich nichts anderes als Rüpel. Doch in dem

gleichnamigen Gedicht von Theodor Storm kommt er nicht schlecht weg.

„Von drauß', vom Walde komm' ich her;
Ich muss euch sagen, es weihnachtet sehr!
Allüberall auf den Tannenspitzen
Sah ich goldene Lichtlein blitzen;
Und droben aus dem Himmelsthor
Sah mit großen Augen das Christkind hervor.
Und wie ich so strolcht' durch den finstern Tann,
Da rief's mich mit heller Stimme an:
‚Knecht Ruprecht', rief es, ‚alter Gesell,
Hebe die Beine und spute dich schnell!
Die Kerzen fangen zu brennen an,
Das Himmelsthor ist aufgethan, ...'

Wie es schon die Rute andeutet, hat der Knecht Ruprecht eine unangenehme Rolle zu spielen. Darum nennt man ihn in derSchweiz so schön plastisch den „Schmutzli". Die Zürcher haben auch für den Nikolaus einen besonderen Namen. „Samichlaus" heißt er bei ihnen und das von Haus zu Haus Ziehen und Geschenke Erbitten heißt dort „klausen". In den Niederlanden tritt er als Begleiter des Sinterklaas sogar in der Mehrzahl auf. Es sind die schwarzen Piets, Mohren, die ihn begleiten. Das hat er auch nötig. Denn seit Ende der 90-er Jahre des letzten Jahrhunderts häufen sich die Meldungen, dass 11- bis 14-jährige Jungen Sinterklaas überfallen und sogar misshandeln. In Amsterdam braucht Sint weniger einen Kurs für Kinderpsychologie als vielmehr einen Karatekurs. In Österreich heißt er „Krampus",

in noch anderen Landstrichen Butterklas oder Hans Muff. Muff, das kommt von Mief, dem Geruch des Kellers und der Unterwelt. Trotzdem nimmt im Rheinland seine Gestalt manchen Orts etwas Karnevaleskes an: vom Hoppediz, der am 11.11. um 11 Uhr 11 erwacht. Und manchmal stellt sich auf Rosenmontag heraus, dass derjenige, der den Nikolaus mimte, nun auch der Prinz Karneval ist und im Sommer der Schützenkönig sein wird!
Vom heiligen Martin, dessen Fest auch am 11. November begangen wird, ist ebenfalls manches an Charakterzügen in die Gestalt des Weihnachtsmannes eingeflossen. Wohlmöglich wegen des volkstümlichen Brauchtums: der berühmten Martinsgans, den Laternenumzügen und den vor der Haustür singenden und Süßigkeiten, ja Bargeld erbittenden Kindern. Die sonst so aufgeweckten Kinder, die hier „einmal werden wir noch wach" singen, mögen St. Martin und St. Nikolaus gar nicht mehr auseinander halten und vom Weihnachtsmann unterscheiden können. Dass ihre frühreifen Kinderaugen beim Blick durch's Schlüsselloch strahlen und ihre aufgeregten Kinderherzen höher schlagen, wenn im Fernsehen internationale Stars besinnliche Adventslieder singen, das sagt uns nur die Werbung. Sie lädt, genauer gesagt, der örtliche Gewerbering lädt zum Nikolausmarkt, auch Weihnachtsbazar genannt, was bestimmt treffender ist.
Denn dort verlosen die Geschäftsleute Geschenke für die Kinder. Wer aber gewonnen hat, erfährt es nur im

Geschäft selber und lässt bei seinem Kommen etwas Geld da. Darauf spekulieren die Geschäftsleute und deshalb sorgen sie auf dem Weihnachtsbazar in Karnevalsmanier für Spaß und Spannung. Wie auf einem Jahrmarkt treten Frau Holle, Dornröschen und der Froschkönig auf, um „kribbelig-knisternde Weihnachtsstimmung“ zu verbreiten. Wie ganz anders reimte es sich doch in dem Gedicht „Weihnachten“ von Joseph von Eichendorff:

„An den Fenstern haben Frauen
Buntes Spielzeug fromm geschmückt,
Tausend Kindlein stehn und schauen,
Sind so wunderstill beglückt.“

Zurück zum Weihnachtsmann. Denn so ingredienzienreich wie er ist, ist er auch nicht mehr fortzukriegen. Zudem tritt er in der Mehrzahl auf wie Nikolaus und Nikoläuse. Er kommt nicht „drauß' vom Walde“ her, sondern vom Arbeitsamt. Ab Anfang Dezember werden vom Arbeitsamt Weihnachtsmänner an Betriebe, Vereine und Privatleute vermietet, um ehrwürdige Stimmung und feierliche Erwartung zu verbreiten. Ein vermieteter Weihnachtsmann fährt mit dem Auto von Bescherung zu Bescherung, den Ersatzbart auf dem Rücksitz. Denn den braucht er auch. Der Rauschebart von weißer Wolle im Gesicht engt seinen Gesichtskreis nämlich derart ein, dass er regelrecht den Kopf wenden muss, um nach rechts und links sehen zu können. Freche Kinder packen die Gelegenheit beim Schopf, um durch kräftiges Ziehen am Bart, diesen auf seine

Echtheit zu prüfen. Andere Kinder erstarren vor Ehrfurcht, wieder andere schlottern vor Angst. Zeigt ein Weihnachtsmann hier Einfühlungsvermögen, dann zeigt sich zugleich, dass er mehr ist als ein vom Arbeitsamt vermittelter Mietling im Rauschebart. Nur fragt sich, ob er weiß, wer der echte Nikolaus von Myra war. Alte Bilder zeigen den nämlich auch mit einem echten Bart, in dem noch nicht der Geruch von Glühwein und Pfefferkuchen hing und auch nicht der von Pommes frites und Reibekuchen. Einem schönen, edlen Gedanken entspringt es, die Person des Nikolaus gegen Fremdenfeindlichkeit einzusetzen, nach dem Motto: der beliebteste deutsche Heilige ein Türke! So edel der Gedanke ist, historisch ist er nicht stichhaltig. Die Türken wanderten als Seldschuken erst im 11. Jahrhundert nach Lykien ein, wo Myra liegt.

Höchstvermutlich war die dortige Gemeinde rund 250 Jahre vorher vom Heiligen Paulus auf einer Missionsreise gegründet worden. Damals gehörte das Gebiet zum Oströmischen Reich.

Die Christen wollten die Gebeine ihres geliebten Heiligen nicht in den Händen der Muslime lassen. Italienische Kaufleute und Matrosen entwendeten sie heimlich und brachten sie 1087 in das süditalienische Bari. Wie schon bei der Kaiserin Theophanu erhielt die Nikolausverehrung im Abendland dadurch einen neuen Antrieb. Und es ist jetzt nicht mehr verwunderlich, dass Kaufleute und Schiffer sich den Heiligen Nikolaus zum Schutzpatron wählten.

Wie sollten wir diese Reportage beenden, wenn wir nicht die Gerüche vom Nikolausmarkt erwähnten! Mögen Düfte die Stimmungen, Gefühle und Träume der Menschen transportieren, das Gemisch der Düfte auf diesem Markt ist unsäglich. So viele Charakterzüge der Nikolaus beziehungsweise der Weihnachtsmann auch hat, die Zahl der unterschiedlichen Düfte auf dem Markt ist nicht geringer. Heiße Waffeln, Printen, Dampfnudeln, Champignons und Bratwürste sorgen neben den schon erwähnten Essbarkeiten dafür, dass aus den Düften handfeste, sagen wir besser, nasenfeste Gerüche werden. Und auch für das Ohr wird etwas geboten: Dixieland und verjazzte Nikolauslieder!
Wie man es auch dreht und wendet: aus Nikolaus und Weihnachtsmann ist ein sentimentales Relikt, eine Kultfigur, ja ein Gesamtkunstwerk von gigantischen Ausmaßen geworden. Oder bloß eine gewerbliche Kitschfigur? Das ist zu befürchten, denn die Kultur und der Kitsch des Abendlandes haben auf der Figur des Nikolaus eine dicke Patina angesetzt.
In den U.S.A. ging das erst Ende der 20-er Jahre des letzten Jahrhunderts los, als eine inzwischen weltbekannte Getränkefirma bemerkte, dass das rote Gewand von Santa Claus bestens zu ihrer rot-weißen Firmenfarbe passt. Diese Firma und ihre Werbung bescherte uns eine ganz besondere Variante: den schnarchenden Weihnachtsmann. Wie der bei den vielen Pin-up-girls im Weihnachtsmann-Look ein-

schlafen konnte, das bleibt ein Rätsel. Zumal auch viel Geld verdient werden kann: circa 36 Millionen Dollar. Das „Santa-Claus- Shooting" ist von der Ost- bis zur Westküste der U.S.A. ein solch großes Geschäft. Denn in allen Einkaufszentren kann man seine Kinder mit Santa Claus fotografieren lassen. Der kommt nicht wie in Deutschland so einfach vom Arbeitsamt, sondern hat häufig einen Uni-Abschluss und manchen Lehrgang in Kinder-Psychologie hinter sich. Übrigens haben reformierte Niederländer den Nikolaus in die U.S.A. eingeführt. Santa Claus kommt von dem schon erwähnten Sinterklaas.

In Deutschland sind nicht Kinderfotos, sondern Schokoladenfiguren das Nikolausgeschäft. Davon gibt es Ende der 90. Jahre des letzten Jahrhunderts eine verräterische Geschichte. Eine Süßwarenfirma hatte die Schokoladenfiguren Niklas und Nikola erfunden. Niklas zeigte sich als machohafter junger Mann vorne mit Waschbrettbauch und hinten mit knackigem Po. Nikola zeigte sich als süße Weihnachtsfrau, als üppige, junge Blondine. Obwohl beide wenig bekleidet waren, zeigte ihre Kleidung noch Relikte vom roten, mit Hermelin besetzten Nikolausmantel. Niklas trug den Gabensack in traditioneller Weise über der Schulter; Nikola hielt ihn vor ihrem Bauch. Gegen diese Art von Kommerzialisierung und Erotisierung hatte sich unter Leitung eines Frankfurter Jesuitenpaters eine Initiative gebildet. Ihr vorallem ist zu verdanken, dass die Produktion der Sexy-Nikolausfiguren wieder eingestellt wurde. Nur in Belgien verkauft sich noch ein nicht verweltlichter Nikolaus, der nicht alle bischöflichen Merkmale abgelegt hat. Trotzdem wirkt er verkitscht, denn der Gesichtsausdruck lässt nicht gerade auf hohe Intelligenz schließen, der weiße Schnurbart schwappt rechts und links zu sehr aus dem Gesicht heraus, und auf jeder der weißbehand-schuhten Hände prangt ein üppig blitzender Ring.

Resümieren wir:

Wenn sich jetzt noch jemand auf den Weihnachtsmarkt stellt und lautstark behauptet, er glaube nicht an den Weihnachtsmann, dann kann das nur der Osterhase sein!

Eines wollen wir aber nicht vergessen: Bei allem Unsäglichen, das dem Nikolaus widerfahren ist, bleibt er das unübertroffene Beispiel für diskretes Schenken. Gespendet wurde viel in der christlichen Welt, aber nie so schamvoll, so selbstlos wie beim Heiligen Nikolaus, Bedürftigen das Not-wendende unerkannt in den Kamin oder durchs Fenster zu werfen …

Weihnachten

Nicht frohe Ostern zu Weihnachten wünschen!

Auf Heiligabend, am Ende der Christmette, war der Pfarrer versucht zu den Leuten zu sagen: also, da wir uns erst nächstes Jahr an dieser Stelle wiedersehen werden, wünsche ich Ihnen schon jetzt fröhliche Ostern und einen schönen Urlaub. Diese Bemerkung wäre unbestreitbar korrekt gewesen. Kamen zu den gewöhnlichen Gottesdiensten das Jahr über 300 Kirchenbesucher, so waren es auf Heiligabend fast 600 gewesen. Rund die Hälfte der Anwesenden hätte also zu Recht solche Oster- und Urlaubswünsche entgegengenommen.

Doch der Pfarrer verkniff sich eine derartige Bemerkung: Die Leute, die Heiligabend zur Kirche kommen und sonst nie, sie merken offensichtlich, dass es mit dem geschmückten Weihnachtsbaum, dem Bratenduft aus der Röhre und dem Rascheln des Geschenkpapiers sein Bewenden nicht haben kann. Diese Leute kommen mit der Wohnzimmeratmosphäre allein nicht zurecht, so dass man ihnen zu Weihnachten in der Kirche das Gastrecht einräumen muss. Ja, selbst ein wenig Rührung und etwas Sentimentalität muss man ihnen zugestehen. Als vom Leben Gegerbte brauchen sie das. Und sie brauchen einen guten Rutsch, einen stimmungsvollen Karneval, sowie fröhliche Ostern und einen schönen Urlaub. Das alles aber zu seiner Zeit und ganz aufrichtig gewünscht.

Die Wahl der Maria – zu Lk 1,46

Hoch preist meine Seele den Herrn, sagt Maria.
Aber wie hoch war der Preis, den sie dafür zu zahlen hatte? Um Königin des Paradieses zu werden, war sie bereit, jeden Preis zu zahlen?
Bei uns regulieren Angebot und Nachfrage den Preis. Preiswert oder doch wenigstens preisgünstig lässt sich in diesem Erdental einkaufen. Manchmal kommt man durch ein Sonderangebot automatisch in den Genuss eines Preisvorteils. Zwar gibt es viele unverbindliche Preisempfehlungen – viel zu viele –, doch das Paradies der kleinen Preise steht grundsätzlich allen offen in diesem Erdental. Wer die Wahl hat, hat die Qual.
Die Wahl der Maria: Hoch preist meine Seele den Herrn. Unsere Qual: erst Preisgabe reduziert den Preis.
Preis und Preisgabe bei uns, Lobpreis bei ihr.

Die Geburt des Und

„Ehre sei Gott in der Höhe und Friede den Menschen auf Erden, die guten Willens sind."
So lautete das Glorialied der Engel über den Fluren von Betlehem, das erste Glorialied der Kirche. Jedenfalls wurde es uns so überliefert. Doch hat der heilige Hieronymus, als er diese Stelle aus dem griechisch geschriebenen Lukas-Evangelium ins Lateinische übersetzte, einen Fehler gemacht. Lukas hatte nicht vom guten Willen der Menschen, sondern vom guten Willen Gottes gesprochen. Entsprechend muss die revidierte Fassung des Glorialiedes lauten: „Ehre sei Gott in der Höhe und Friede auf Erden den Menschen seiner Gnade." 1947 lieferte eine der bei Qumran gefundenen Handschriften den hebräischen Beleg für die Richtigkeit dieser Übersetzung, die übrigens schon Luther gefunden hatte.
Es lag wohl nicht an der falschen Übersetzung, dass die Menschen im Laufe der Geschichte die Gottesehre ohne den Erdenfrieden zu erreichen versuchten und umgekehrt. Manchmal sogar das eine auf Kosten des anderen. Schon die alten Römer befolgten die Regel „Divide et impera", „Teile und herrsche". So gibt es auch heute noch Leute, die Gottesehre und Erdenfrieden auseinanderdividieren, weil es ihnen nutzt. Im selben Maß werden jung und alt, arm und reich, Mann und Frau, einheimisch und – ausländisch, gläubig und ungläubig, normal und anormal auseinanderdividiert.

Darum ist das schlichte, schmucklose Wort „und“ von so großer Wichtigkeit. „Ehre sei Gott in der Höhe und Friede auf Erden den Menschen seiner Gnade.“ Auf das Und kommt es an. Es hält zusammen, was sonst auseinanderdriftet. Es verbindet, was sich sonst auf Kosten des anderen verselbständigt. So unansehnlich, so schmucklos das Und auch ist, so unentbehrlich ist es auch. Wer aber will dieses dienende Und unter Verzicht auf Eigenes sein? Wer kann es sein? Jemand, der verbinden will, muss ja selbst verbindlich sein. Denn im Und ist ein Ja verborgen, ist eine Zusage versteckt. Jesus ist dieses Und. Weihnachten feiern wir die Geburt des Und. Weihnachten ist wie die Vermählung von oben und unten, von Himmel und Erde, von Ja und Nein, von Gott und Mensch. Je mehr Ehre Gott gegeben wird, desto dichter dürfte der Friede auf Erden sein. Je mehr Frieden wir untereinander halten, desto mehr dürfte sich Gott geehrt fühlen. Seine Ehre ist ja der aufrechte Mensch. Bis wir Menschen das kapiert haben, werden die Engel allerdings lange das Lied von der Ehre Gottes und dem Frieden auf Erden singen müssen. Aber ihre Engelsgeduld ist ja sprichwörtlich.

Keine Engels-, wohl aber Eselsgeduld

Zu Weihnachten wachsen uns kurzlebige Flügel, sagte der Prediger, eine Dichterin zitierend. Und er fuhr fort: Wenn Sie mal nach hinten in Ihren Rücken greifen, bis dorthin, wohin sie mit Ihren Fingerkuppen gelangen, dann können Sie schon eine gewisse Verknorpelung spüren. An dieser Stelle, da werden uns die Flügel herauswachsen.

Nein, liebe Mitchristen, wir wollen uns keine Engelsflügel wünschen, wohl aber etwas von den Qualitäten der Engel: ihre sprichwörtliche Engelsgeduld.

Ach, liebe Mitchristen, auch das ist noch zu viel gewünscht. Wünschen wir uns lieber etwas von den Qualitäten des Esels, der ja auch an der Krippe gestanden haben soll: seine sprichwörtliche Eselsgeduld. Für uns Ungeduldige, in dieser ungeduldigen Zeit, keine Engelsgeduld, wohl aber Eselsgeduld. Als wüchsen den Eseln Flügel. Und das zu sagen, ist wahrhaftig kein religiöser Kitsch.

Das blöde Rindvieh, der alte Esel, das dumme Schaf – Tiere an der Krippe

Der Pfarrer bereitete die Kindermesse für Weihnachten vor. Die Kindergärtnerin der Pfarrei hatte das Thema vorgegeben: die Tiere an der Krippe. Weil die Hirten als erste die Geburt des Heilands erfuhren, war klar, dass Schafe bis zur Krippe vorgedrungen sein müssen. Dann sollen dort auch Ochs und Esel

angetroffen worden sein. Das aber nur, weil der Prophet Jesaja geklagt hatte, dass diese beiden Tiere ihren Herrn kennen, der Mensch aber nicht.
Vielleicht war es der sprichwörtliche Ochs vor dem Berg und jener Esel, der, wenn es ihm zu gut geht, übermütig auf dem Eis tanzt? Oder war es der sprichwörtliche störrische Esel oder der mit der Eselsgeduld? Und was muss das für ein Kamel gewesen sein, mit dem die Weisen aus dem Morgenland angeritten kamen?
Während der Pfarrer über all das mit den Gläubigen redete, wurde durch die Kinder klar, dass die Namen von Ochse, Esel, Schaf und Kamel von uns als Schimpfwörter missbraucht werden: Du alter Esel, du dummes Schaf, du blödes Rindvieh! Du borniertes Kamel! Diese Tiere also sind es, die man an der Krippe vorfindet. Und das wohl nicht per Zufall. Darum sollen ruhig noch all die anderen Tiere kommen und sich im Stall von Betlehem aufstellen. Die dumme Gans, die Zimtzicke, der blöde Hund, die alte Eule, der Schmusebär, das Kuschelmäuschen, ja vielleicht sogar, unsäglich es zu sagen, die miese Ratte. Denn wenn sie erst einmal an der Krippe gestanden hat, kommt sie uns vielleicht nachher weniger mies vor. Wenn das auch ein ziemlich frommer Wunsch ist, so können uns doch die Tiere auf ihre Art eine Weihnachtspredigt halten.

Weihnachten in Sri Lanka

Als die Engländer dieses Land als Kolonie besaßen, flüchteten sie vor der feuchten Tropenhitze im Flachland in das wenig besiedelte Bergland. In Nuwara Eliya (sprich Nurelia) fanden sie ähnlich klimatische Bedingungen vor wie zu Hause und bauten sich dort ein Klein-England auf. Noch heute zeigen sich im Gemüseanbau und in der Architektur der Häuser die Spuren ihrer Anwesenheit. Möhren, Porree, Stangenbohnen haben sie aus Europa mitgebracht, aber auch Margeriten und Rosen.
So kommt es, daß hier zu Weihnachten die Rosen blühen, aber auch die Fuchsien und der Holunder.
Es wundert nicht, dass auch die Kirche im gotisch-englischen Stil errichtet wurde – allerdings in einer vielfältigen Brechung. Über dem Hauptportal prangt eine Rosette, die indes farblos ist. Auf der Spitze des Portals ist ein Kreuz angebracht, das innen durch Neonlicht beleuchtet wird, jetzt, da wir die Kirche zur Christmette betreten. Glocken haben uns nicht gerufen, denn die kennt man hier nicht. So sind wir lautlos durch die fremde Nacht hierhergekommen.
Von innen gesehen erscheint das Gewölbe der Kirche, als wäre das Dach mit Wellblech gedeckt. Es scheint aber doch von edlerem Material zu sein. Das Bauwerk ruht auf weißgetünchten Säulen. Zwischen diesen sind über das Mittelschiff hinweg Drähte gespannt, auf denen als Weihnachtsdekor jeweils drei

Körbchen mit frischen Blumen hängen. Nadelbäume konnten die Engländer hier anscheinend nicht heimisch machen, und so dient ein Lebensbaum, wie er bei uns auf dem Friedhof häufig anzutreffen ist, dort als Weihnachtsbaum. Vor dem Altarraum steht er vorne links und ist mit einem bunten, elektrischen Lichterkranz geschmückt, der wie eine Lichtreklame immer an und aus geht. Mit Beginn der Liturgie freilich wird er ausgeschaltet. An den einzelnen Säulen sind Sträuße von Lebensbaumzweigen angebracht, und die wurden – für europäische Augen ungewohnt – mit Luftballons geschmückt.
Die Gaben für die Eucharistie und das Gewand für den Priester hat man auf einem Tisch gleich hinter dem Haupteingang bereitgestellt. Das Gewand ist dotterfarbengelb, ebenso die Gewänder der Messdiener. Diese sind mit roten Knöpfen und an den Enden mit rotfarbener Borte besetzt, was ihnen ein prälatenhaftes Aussehen verleiht.
Der Priester erscheint und legt nicht so einfach das Gewand an. Man sieht ihn im stillen Gebet verharren, die rechte Hand auf das Gewand gestützt, die linke an das Herz gelegt. Wahrscheinlich betet er um die Würde, diese Messe feiern zu dürfen.
Die Weihnachtsmesse in Sri Lanka vollzieht sich, wie allerorts Weihnachtsmessen sich zu vollziehen pflegen. Aber es gibt Besonderheiten. Gleich zum Gloria kommt eine. Das Gloria ist jenes lateinische, das auch wir kennen. Von dem Lied „Engel auf den Feldern singen“ ist es der Refrain. Während es ge-

sungen wird, werden erst links, dann rechts Kracher losgelassen, wie man es bei uns zu Silvester tut. Das ist ein unglaublicher Eindruck in dem Moment.
Von inniglicher Anmut hingegen ist der Liedruf zu den Fürbitten. Nach jeder Anrufung wird ein Satz gesprochen, der für europäische Ohren lieblich wie ein Kindervers klingt. Etwa so: Billibilí, Jesus, billibilí. Dabei wird immer die letzte Silbe betont. Insgesamt jedoch ist die Messe zweisprachig. Englisch gesprochene Teile helfen dem Ausländer, so dass er sich nicht nur vor eine feierliche, heilige Unverständlichkeit gesetzt sieht. Das „Durch ihn und mit ihm" wird wieder feierlich ausgestaltet. Die Messdiener klingeln dabei mit Handglocken wie bei uns zum Gloria in der Osternacht. Besonders beeindruckend ist der Friedensgruß. Man gibt sich in Sri Lanka zur Begrüßung ja nicht die Hand, sondern legt die Hände gefaltet gegen die Brust und verneigt sich dabei leicht. So auch jetzt im Augenblick des Friedensgrußes. Die schokoladenbraunen Gesichter und die pechschwarzen Haarschöpfe wirbeln nach allen Seiten hin, was unter den weißgetünchten Säulen einen starken Eindruck macht. Bei der Kommunion geht es weniger feierlich zu. Mehr noch, es geht ziemlich ungeordnet zu – sowohl beim Gang zur Kommunionbank, als auch zurück. Ich habe mich immer gefragt, warum in der ganzen katholischen Welt die Gläubigen, auch wenn sie bereits 40 Jahre das Christentum praktizieren, einander bei der Kommunion umrennen müssen.

Doch wollen wir uns lieber an den Gemeinsamkeiten erfreuen, vor allem an dieser gerappeltvollen Kirche, in der neben den Frauen und Familien auch die jungen Männer zu finden sind. Wir haben sie gefunden - an einem Weihnachtsfest in Sri Lanka.

Nicht von euch, sondern durch euch

„Jedes Kind, das geboren wird, bringt von Gott die Botschaft mit, dass er noch nicht an der Menschheit verzweifelt." Das ist die Überzeugung der Hindus, ausgedrückt durch den indischen Dichter Rabindranath Tagore.
„Denn ein Kind ist uns geboren, ein Sohn uns geschenkt, Herrschaft ruht auf seinen Schultern. Man gibt ihm die Namen: Wunderrat, Gottheld, Ewigvater, Friedensfürst." Das ist die Überzeugung der Juden, vor Zeiten schon ausgedrückt durch den Propheten Jesaja.
Doch „eure Kinder sind nicht eure Kinder. Es sind die Söhne und Töchter von des Lebens Verlangen nach sich selber. Sie kommen durch euch, doch nicht von euch: und sind sie auch bei euch, so gehören sie euch doch nicht." Das ist die Überzeugung des Orients, der arabischen Welt, ausgedrückt durch den Dichter Khalil Gibran.
Hindus, Juden, Maroniten ...

Ist es verwunderlich, dass Christen feiern, feiern die „hochheilige Nacht, in der Maria in unversehrter Jungfräulichkeit der Welt den Erlöser geboren hat"? Es ist nicht verwunderlich, sondern wunderbar. Vortrefflich fürwahr ist diese Lehre von der Jungfrauengeburt Jesu. Denn gerade an diesem Kind zeigt sich unübertrefflich, dass es nicht von ihr sein kann, sondern durch sie. Was kann jungfräulich Höheres bedeuten? Und darum dürfen auch wir uns einen Reim darauf machen, der ganz unangestrengt so lauten darf: „Ein Kind ist uns geboren, willkommen und geliebt, die Welt ist nicht verloren, solang es Kinder gibt." (Lothar Zenetti).

Jesus und der kleine Lord

Ceddi Errol war ein amerikanisches Arme-Leute-Kind. In Wirklichkeit aber war er von edler Abkunft. Sein Vater war ein englischer Lord. Deswegen wurde er, nachdem seine vornehme Abstammung anerkannt war, der kleine Lord genannt.
Was hat Ceddi Errol mit Jesu Geburt zu tun, dass uns das Fernsehen jedes Jahr zu Weihnachten seine Geschichte vorführt?
Steckt in dem Arme-Leute-Kind Jesus vielleicht auch ein kleiner Lord? Wird auch Jesus rehabilitiert und mit einem Happy-End beschenkt wie der kleine Lord?

Schließlich war auch er von edler Abkunft: Gott ist sein Vater. Das wird es sein: in uns allen ist ein kleiner Lord verborgen! Wir alle sind von edler Abkunft. Jesus, unser Bruder, sagt, dass Gott unser Vater ist.

Regieanweisung für die große Glocke

Etwas nicht an die große Glocke hängen wollen, bedeutet, etwas eher Unangenehmes schamhaft zu verschweigen.
Heute, in dieser hochheiligen Nacht, und gerade jetzt nach der Wandlung wollen wir dennoch die große Glocke läuten, liebe Mitchristen.
Alles, was unangenehm ist, wollen wir mit dem Glockenton wegtragen lassen. Gerade auch unsere Sorgen.
Freilich wäre es noch besser, unsere Freude an die große Glocke zu hängen, um die Menschwerdung Gottes geziemend hinauszuläuten und die zu grüßen, welche den Weg hierher in die Kirche nicht gefunden haben. Und auch, um die zu grüßen, welche nicht kommen konnten, weil sie, krank oder alt, an das Haus gebunden sind.
Lasst uns also innehalten und still auf die Glocke hören, und wenn die verklungen sein wird,
dann erst singen wir Stille Nacht, Heilige Nacht.

Magnificat – zu Lk 1,39-56

Wir jagen den reduzierten Preisen nach, dem Sonderpreis – dem Tiefstpreis, dem Zugreifpreis, dem Spottpreis. Alles, was angepriesen wird, hat seinen Preis und verspottet uns. Wir merken es nicht. Und doch gibt es eine Steigerung: der Selbstkostenpreis, der Freundespreis.

„Den kauf ich mir", sagt man in der Erregung. Ja, wir verkaufen unsere Freunde zum Selbstkostenpreis, und was wir am Schluss selber in Händen halten, ist ein Trostpreis. Vom Freundespreis gelangt man unausweichlich zum Trostpreis.

Dabei hat es vor Zeiten schon eine Frau gegeben, die das preist, was nicht angepriesen wird und was man nicht kaufen kann. Maria sagt zu Elisabet, nein, sie singt es in ihrer Gegenwart:

Meine Seele preist die Größe des Herrn,
und mein Geist jubelt über Gott, meinen Retter.

Maria hat es richtig gesehen: uns rettet nicht der Preis, sondern der Lobpreis.

Ephiphanie

Die heiligen Drei Könige und wir – zu Mt 2,1-12

Die heiligen Drei Könige seien weder heilig noch drei, noch Könige gewesen, sagt die Geschichtswissenschaft, und Altertumsforscher bezweifeln die Echtheit ihrer Gebeine. Matthäus (2,1-12) spricht von Magiern und nicht von Königen. Das tut erst der Kirchenvater Tertullian. Denn wer hätte solche Geschenke bringen können, wenn nicht Könige? Matthäus sagt auch nicht, dass es drei gewesen seien. Das sagt erst der Kirchenlehrer Origenes, der wie Tertullian im 3. Jahrhundert lebte. Er ging dabei von den Geschenken Gold, Weihrauch und Myrrhe aus. Der Mönch Beda, der die Wende vom 7. zum 8. Jahrhundert erlebte, deutet die Dreierzahl auf das Lebensalter von Kind, Mann und Greis.
Er deutet die Dreierzahl weiter auf die damals bekannten drei Erdteile Europa, Asien, Afrika und die damals bekannten drei Menschenrassen. Zu seiner Zeit hatten die heiligen Drei Könige durch Ableitung aus orientalischen Sprachen bereits ihre Namen: Caspar, Melchior und Balthasar. Geographische Erkundungen bewirkten, dass seit den letzten

Jahrzehnten des 15. Jahrhunderts der Jüngste der heiligen Drei Könige, der Caspar, grundsätzlich dunkelhäutig dargestellt wurde. Aus Äthiopien soll er herstammen.

Ab dem 6. Jahrhundert sind die Namen quellenkundlich belegt. Magier, Könige, Priester, Sterndeuter, Weise aus dem Morgenland, weil die heiligen Drei Könige so vieles hätten sein können, wurden sie zum Mythos, zur Legende. Ein machtvolles Brauchtum entwickelte sich um sie herum – besonders in Köln und besonders bei den einfachen Leuten.

Köln wäre ohne die Gebeine der heiligen Drei Könige nicht die bedeutende Stadt geworden, die sie heute ist, mit dem berühmten Dreikönigenschrein und dem nicht minder berühmten Dreikönigenbild von Stephan Lochner.

Die europäische Kunst wäre ärmer ohne das Motiv der Könige im Stall von Betlehem. Bereits in den Katakomben und auf altchristlichen Sarkophagen gibt es Dreikönigsdarstellungen. In der römischen Kirche Santa Maria Maggiore entstand im 5. Jahrhundert erstmals eine Dreikönigsdarstellung auf einem Mosaik. Das rund hundertfünfzig Jahre später in Ravenna entstandene nennt erstmals in der Kunstgeschichte die Namen der Drei auf einer Inschrift.

Die Kunst stellte das Motiv zuerst züchtig dar, wie auf einem Relief in der Kathedrale von Autin zu sehen ist. Dort schlafen die drei Könige unter einer Decke, ja, sie stecken regelrecht unter einer Decke, als ein Engel erscheint, der mit dem ausgestreckten

Zeigefinger seiner rechten Hand den Finger des ersten Königs berührt, während er mit dem Zeigefinger seiner linken Hand auf den Stern zeigt, der laut am Himmel wie eine Blume erblüht.
Was für eine Rolle Finger in diesem Relief spielen, muss man selbst anschauen. Das Relief bleibt dennoch züchtig. Später wurde die Darstellung üppiger und üppiger. Die Maler stellten die Könige nach der letzten Mode gekleidet dar und zeigten, wie sie zu ihren Rassepferden herüberschauten oder mit den Hofdamen liebäugelten, statt auf den Jesusknaben in der Krippe zu sehen.
Prunkvolle Eleganz und selbstverliebte Eitelkeit konnten auf diese Weise vorgeführt werden, ja, mit den heiligen Drei Königen spielt der Mensch mit sich selbst vor der Krippe. Die meisten Faxen soll dabei der Jüngste von ihnen gemacht haben, der Caspar, sodass er Vorbild wurde für den Kasper oder das Kasperl des Puppentheaters und den nicht minder berühmten Suppenkasper.
Weil Selbstverliebtheit und Faxen für uns Menschen typisch sind, weil das ein Stück Wirklichkeit von uns allen ist, muss die Geschichte von den heiligen Drei Königen innerlich wahr sein.
Erfunden, aber darum nicht weniger wahr ist gewiss auch die Geschichte von einem vierten König, der unterwegs nach Betlehem sich von allen Mühseligen und Beladenen dieser Welt, von den Verdammten dieser Erde aufhalten lässt, sodass er nicht mehr an der Krippe, wohl aber am Kreuz ankommt. Der sowohl

von der baltischen als auch von der deutschen Kultur geprägte Schriftsteller Edzard Schaper hat diese Geschichte 1961 veröffentlicht.
Die heiligen Drei Könige müssen einen ähnlich beschwerlichen Weg zurückgelegt haben, wie später ihre Gebeine, die von der Kaiserin Helena aus dem Heiligen Land nach Konstantinopel (Byzanz) gebracht wurden, bis sie schließlich von dort nach Mailand kamen, wo sie in der Kirche San Eustorgio unbeachtet in einem Bleikästchen aufbewahrt worden waren. Kaiser Friedrich Barbarossa nahm sie als Kriegsbeute mit und schenkte sie seinem Kanzler Reinald von Dassel, der später Erzbischof von Köln wurde. 1164 kamen die Gebeine in Köln an.
Dort baute man ihnen einen kostbaren Schrein, welcher der bedeutendste Schrein des Mittelalters werden sollte. Noch heute ist er mit dem Aachener Karlsschrein das imposanteste Kunstwerk der Goldschmiedearbeit nördlich der Alpen.
1204 hatte Otto IV. aus dem Geschlecht der Welfen generös das Gold für die Stirnseite des Dreikönigenschreins gestiftet. Er ließ sich selbst als vierten König darstellen, um mit den heiligen Dreien dem Jesuskind zu huldigen. Er war allerdings ein König von ganz anderer Art als der von Edzard Schaper geschilderte. Neben der Huldigung ging es ihm massiv um Politik, um die Untermauerung seines Anspruchs auf die deutsche Königskrone, der im Reich umstritten war.
Fünf Jahrzehnte dauerte die Arbeit am Dreikönigenschrein (von 1181 bis 1230). Der Schrein war nun

einmal vorhanden und konnte nicht in einem beliebigen Raum stehen. Darum baute man einen Schrein um den Schrein. Der gesamte gotische Kölner Dom ist wie ein Schrein, um den Dreikönigenschrein zu betrachten. Eine faszinierende Idee!
1248 wurde vom Erzbischof Konrad von Hochstaden dafür der Grundstein gelegt. 1880, unter den damals noch nicht lange im Rheinland ansässigen Preußen, der Schlussstein gesetzt.
Die heiligen Drei Könige waren lange unterwegs – noch länger ihre Gebeine. Mögen doch auch wir mit unseren müden Knochen uns auf den Weg machen … und zur Huldigung des Jesuskindes ankommen.

Darstellung des Herrn

Die Madonna als Gewichtheberin

Liebe Mitchristinnen und Mitchristen,
ich muss Ihnen gestehen, dass ich nicht weiß, wie ich eine Predigt zum heutigen Fest zustande bringen soll; so häufig habe ich zu Ihnen über Maria gesprochen.
Doch da kam mir ein glücklicher Zufall zu Hilfe. In einem französischen Kloster, in der Ecke des Lesesaals, fand ich eine Marienstatue, wie ich sie noch nie vorher gesehen hatte: nicht in Lourdes, nicht in Fatima, nicht in Kevelaer.
Diese Maria aus dem klösterlichen Lesesaal hebt den Jesusknaben in die Höhe. Ja, sie stemmt ihn geradezu wie eine Gewichtheberin. Das hat mir gefallen. Denn schließlich ist darin auch ein Loblied versteckt, ein Loblied auf die starken, tapferen, emanzipierten Frauen, die häufig ihre Kinder, manchmal auch ihre Männer stemmen müssen.
Das Original der Madonna, die den Jesusknaben stemmt, kommt aus Pau in Südfrankreich, nahe den Pyrenäen. Dort steht diese Madonna auf dem Dachfirst der Hauptpfarrkirche, die nicht umsonst eine Marienkirche ist.

Ich habe die Statue aus dem Kloster mitgebracht, sagte der Pfarrer und hielt die Figur, die er bisher im Ambo versteckt gehalten hatte, in die Höhe. Der Abt des Klosters wollte sie mir zunächst nicht mitgeben: nicht aus Geiz, sondern weil sie beschädigt ist.
Dem Jesuskind – können Sie das auch noch in den letzten Reihen sehen? – fehlt ein Arm. Ich sagte dem Abt: das macht nichts, im Gegenteil. Man kann den Leuten auf diese Weise schön erklären, dass wir alle dem Jesuskind unseren Arm leihen müssen, damit Gemeinde entsteht und sich erhält.

Zum Karneval

„Klappertüüt"– was man zu Karneval zusammentragen kann

Wie hat sich der Karneval herausgebildet?
Es gibt zwei Theorien, eine heidnische und eine christliche.
Die heidnische besagt, dass es sich beim Karneval um Winteraustreibung und Fruchtbarkeitskulte handelt.
Die Nationalsozialisten folgten natürlich der Theorie von der Winteraustreibung und ordneten an, dass das Wort „Fastnacht" ohne das t geschrieben werden sollte. Es hieße dann „Fasnacht" und ließe sich ableiten von dem Wortstamm „faseln", also dummes Zeug daherreden.
Am ehesten noch ist die Winteraustreibung im hohen Norden oder im tiefen Süden zu Hause. In Nordfriesland wird am Vorabend des 21. Februar ein Freudenfest gefeiert. Dabei werden mehrere Meter hohe Holzstöße angezündet: die Biike brennt. In grauer Vorzeit wollten die Friesen damit die Götter gnädig stimmen.
Im Schwäbisch-Alemannischen, also zwischen Kaiserstuhl und Bodensee, kennt man die Fasnets-Feuer.

Glühende Räder wurden von den Bergen ins Tal gerollt. Sie sollen die Erde ermuntern, wieder fruchtbar zu werden.
Die christliche Theorie leitet Fastnacht ab von der Nacht vor der Fastenzeit. Jesus hat ja, wie Matthäus schreibt (4,1-11), vierzig Tage und vierzig Nächte in der Wüste gefastet.
Invocavit hieß dieser Sonntag, mit dem einst das Fasten begann.
1091 wurde es auf den Aschermittwoch vorverlegt. Im Kirchenlatein hieß die Fastenzeit Carnislevamen. Carnis heißt Fleisch, Levamen soviel wie Erleichterung, als ginge es darum, Ballast abzuwerfen.
Die Kirche hatte offensichtlich einen „guten Riecher", denn wenn heute Ärzte ein Heilfasten anordnen, dann empfehlen sie es interessanterweise genau zu der Zeit, in der die frühe Kirche die Fastenzeit anordnete. Das Wort Karneval kommt auf dem Umweg des Italienischen von diesem Carnislevamen. Italienisch heißt es „Carnevale", übersetzt, „Fleisch, lebe wohl". Bevor man dem Fleisch am Aschermittwoch Lebewohl sagte, gab es den „Fettdonnerstag", auch als „Altweiber" bekannt.
Die Geistlichkeit nahm an den Narreteien ausgiebig Anteil. Bis ins 12. Jahrhundert trieb man es ziemlich toll. Es wurde ein Narrenbischof gewählt, der wie eine Almkuh geschmückt in die Kirche geleitet wurde und auf dem Bischofsstuhl Platz nahm. Dann begann ein verkehrtes Hochamt, die „Eselsmesse". Die Priester nahmen mit geschwärzten Gesichtern

daran teil und zögerten nicht, Messwein in sich hineinzuschütten. Auch in den Klöstern amüsierte man sich.
Der jüngst eingetretene Novize wurde Abt und der eigentliche Abt durfte den Kreuzgang fegen.
In Frankreich, wo Karneval wenig bekannt ist, geschahen solche Amüsements auf dem Fest „Unschuldige Kinder" zwischen Weinachten und Neujahr. Auch die Bauern machten mit, wie es Darstellungen in den Fenstern der Westseite von Notre Dame belegen. In der Zeit konnte man draußen auf den Äckern ja auch nichts tun, und so griffen die Frauen zum Strickzeug und die Männer banden aus Reisern Besen.
Dass man bei diesen eintönigen Beschäftigungen auf Blödsinn kam, ist eigentlich nur normal. Dass der Erzbischof von Paris seine Kathedrale ausfegen durfte, fand man im Mittelalter ebenfalls normal.
Die karnevalesken Schlachtrufe, zum Beispiel am Niederrhein, sprechen eine beredte Sprache, die nicht nur Blödsinn transportiert.
„Helau" ist der gängigste Schlachtruf, zum Beispiel in Düsseldorf und Krefeld. Er ist eine Mischung von Hurra und Lebe hoch.
In Hüls bei Krefeld hingegen heißt es „Breetlook". Dahinter verbirgt sich das Porreegemüse, das zu der Jahreszeit noch im Garten steht. Ebenso gängig wie Helau ist „Alaaf", das in Köln und Aachen zu Ehren kommt. Alaaf heißt eigentlich „All af" und bedeutet alles ab. Alles ab, was euch bedrückt.
Interessant ist der Karnevalsruf in Mönchenglad-

bach, der da „Halt Pohl“ lautet, was nichts anderes ist als die Aufforderung, durchzuhalten im Kampf gegen Trübsal und Traurigkeit.
Zwischen Düsseldorf und Mönchengladbach kann man auch schon mal „Et Flupp“ hören. Es wird schon fluppen, klappen, gutgehen.
Den hintergründigsten Karnevalsruf hörte ich in Tönisvorst, einem Städtchen zwischen Krefeld und Viersen. Dort schreit man „Klappertüüt“. Heimatforscher sagen, dass sich dieser Ausdruck von der Herstellung des Wintergerichts „Panhas“ herleitet. Wenn nämlich Wurstbrühe, Buchweizenmehl und Speckwürfel in der Pfanne brodeln, dann klappert der Deckel und den Breiblasen entweicht ein Tüüt Tüüt.
Am konsequentesten wäre es, jetzt über all das hier Gesagte herzhaft zu lachen. Denn das Lachen lindert allergische Beschwerden, so sagen es japanische Forscher. Und in unserem alten Europa hat jemand errechnet, dass eine Minute lauthals lachen für die Gesundheit genauso viel bedeutet wie 45 Minuten Entspannungstraining.
Lachen wir die auch aus, die uns weismachen wollen, Karneval sei ein vorchristliches Frühlingsfest und halten wir fest, dass es aus dem Kirchenjahr heraus gewachsen ist. Schade ist nur, wenn die Leute nach dem Fettdonnerstag nicht mehr zum Aschermittwoch finden.
Es ist genauso falsch, wie Ostern zu feiern, ohne den Karfreitag begangen zu haben. Aber das steht auf einem anderen Blatt.

Jetzt grölen wir mit den Düsseldorfern in Richtung Köln „Helau“ und mit den Kölnern in Richtung Düsseldorf „Alaaf“.

Die vollkommene Freude

Was antworten Sie, stellte man Ihnen die Quizfrage, wie oft im Neuen Testament das Wort Freude oder sich freuen vorkommt?
Immerhin kommt das Wort Freude 133 Mal im Neuen Testament vor. Und darum haben wir Christen, wie ein Pfarrer es einmal ungewollt herausbrachte, die ernste Verpflichtung zur Freude!
Wirklich, wir müssen zur Freude verpflichtet werden. Vielleicht, und das wäre schlimm genug, weil wir Christen sind, besonders aber, weil wir Deutsche sind. Eine Doppelbelastung: Christsein und Deutschsein?
Offensichtlich besitzen wir kein Naturtalent für Freude wie Süditaliener oder andere Menschen, in deren Heimat die Sonne ständig scheint. Aber warum besitzt der Christ eigentlich kein Naturtalent für Freude? Wenn der Evangelist Johannes sogar von einer Freude spricht, die „voll“ wird, wenn er, wie Franziskus nach ihm, von der vollkommenen Freude spricht?
Die Lateiner kannten Laetitia, die stille, von innen

kommende Freude, und das Gaudium, die lärmende, laute Freude, die ein äußeres Ereignis bewirkt.
In der katholischen Kirche wurde immer „Annuntiamus gaudium magnum“ gerufen – von der Loggia des Petersdomes herunter, unmittelbar bevor ein neuer Papst vorgestellt wurde, obwohl nicht unbedingt jeder Papst den Christen zur reinen Freude gerät. Schließlich sprach der Evangelist Johannes nicht von der reinen, sondern der vollkommenen Freude! Wenn aber schon bei einem neuen Papst eine große Freude, ein Gaudium magnum ausgerufen wird, um wieviel mehr muss dann der Evangelist gehört werden, wenn er Jesus sagen lässt: „Bleibt in meiner Liebe ... Das sage ich euch, damit meine Freude in euch bleibt und eure Freude vollkommen wird“ (Joh 15,9-11).
Keine ernste Verpflichtung zur Freude also.
Liebe genügt.

Über die wundersame Traurigkeit und die verwunderliche Fröhlichkeit

Ich weiß nicht, was soll es bedeuten, dass die Deutschen so traurig sind. So melancholisch, so sentimental. Ihr so berühmter Karneval müsste ein wenig über das Jahr ... verteilt werden.

Bevor Heinrich Heine dichtete: „Ich weiß nicht, was soll es bedeuten, dass ich so traurig bin", hatte schon Martinus von Biberach sich auf die Sache mit folgendem Vers einen Reim gemacht: „Ich komm', weiß nicht, woher. Ich geh', weiß nicht, wohin. Mich wundert, dass ich fröhlich bin." Und nach ihm Angelus Silesius. Beide wundert, dass sie fröhlich sind. Martin Luther hingegen wundert, dass er traurig ist. Er hat sich auf die Sache der Traurigkeit diesen Reim gemacht: „Ich komm', weiß wohl, woher. Ich geh', weiß wohl, wohin. Mich wundert, dass ich traurig bin." „Mich wundert, dass ich traurig bin." „Mich wundert, dass ich fröhlich bin."
Offensichtlich haben wir die freie Wahl, selbst entscheiden zu können, was wir sein wollen: fröhlich oder traurig. Zu Beginn der österlichen Bußzeit darf man auch auf Matthäus hören. Der gab folgende Empfehlung (6,6-18): „Wenn ihr fastet, macht kein trauriges Gesicht wie die Heuchler. Sie geben sich ein trübseliges Aussehen, damit die Leute merken, dass sie fasten. Du aber lass dein Haar duften, wenn du fastest ..."

Auszurufen: ein internationales Lächeljahr

In amerikanischen Papierwarengeschäften gibt es Faltkartons zu kaufen, auf denen der Schauspieler Field zu sehen ist. Er trägt einen Zylinder auf dem Kopf und eine dunkle Fliege mit roten Punkten vor dem Hals. Zwischen dem Zylinder und der Fliege liegt sein Gesicht – von einer markanten Knollennase beherrscht. Field verzieht keine Miene. Seine Lippen deuten keinerlei Lächeln an. Dennoch steht in Druckschrift unter diesem Charakterkopf: „Start each day with a smile." Beginne jeden Tag mit einem Lächeln. Wenn man den Karton dann aufklappt, sieht man in kleinen Lettern den Satz „and get it over with". Beginne jeden Tag mit einem Lächeln, dann hast du es hinter dir. Ausgerechnet Field, ein Schauspieler, der wie Buster Keaton niemals lachte, muss uns das bedeuten. Wahrscheinlich kann man dadurch Leute zum Lachen bringen, indem man selbst niemals lacht.
Übrigens lacht nur der Mensch. Ein Pferd zieht beim Wiehern wohl das Maul hoch und legt seine Zähne frei, aber das ist kein Lachen. Auch eine Kuh lacht nicht, obgleich uns die Franzosen das mit ihrer Käsemarke „La vache qui rit" einreden wollen. Bei den Franzosen wird ansonsten viel gelächelt, aber auch viel an Problemen weggelächelt. Hintergründig lächelt die im Pariser Louvre wohnende Mona Lisa,

obwohl sie von Napoleon auf dessen Kriegszügen erbeutet und in den Louvre verschleppt worden ist. Selig lächeln die fünf klugen Jungfrauen von der nicht weit entfernten Notre Dame herüber – aus dem Mittelportal der Kirche des Erzbischofs von Paris. Sie lächeln selig, weil ihnen der Herr Jesus Christus selbst die Pforte des Himmels öffnet.
Hintergründig lächelt ein Engel an der Fassade der Kathedrale von Reims. Er könnte ein Glas Champagner getrunken haben. Schließlich keltert man den ja in der dortigen Umgebung. Eher zu vermuten ist, dass er von Maria gerade das Ja-Wort entgegengenommen hat. Oder aber er lächelt Maria in dieser Weise an, damit die erst zu ihrem Ja-Wort findet. Schließlich handelt es sich ja nicht um irgendeinen Engel, sondern um den Erzengel Gabriel.
Auch bei den Asiaten kennt man das Lächeln in vielen Schattierungen. Auf den Gesichtern der Buddhafiguren wirkt es geheimnisvoll und entrückt. So auf den Gesichtern der Buddhas und Bodhisattvas in den Grotten am Maijishan in China.
In Kambodscha, im Haupttempel von Angkor Wat, dem größten sakralen Bauwerk der Welt, findet man zwar keine lächelnden Engel, wohl aber lächelnde Himmelstänzerinnen – Apsaras genannt. Von denen gibt es dort über zweitausend zu bewundern.
In der benachbarten, nicht weniger grandiosen Tempelanlage von Ankor Thom rätselt man erneut, was das Lächeln der Wächterfiguren auf der Brücke zum Südtor wohl zu bedeuten habe. Das Lächeln dieser

Figuren geht nach innen; ihre Augen sind geschlossen. Es wird also niemand angelächelt. Solch ein Lächeln scheint Ausdruck größtmöglichen inneren Friedens und des zu sich selbst Gekommenseins. Wenn man die gegenüber sitzenden Figuren in Augenschein nimmt, spürt man an ihren fratzenhaften Gesichtern, dass sie für das Böse stehen, für böses Tun. Also symbolisieren die lächelnden Gesichter das Gute, das Wohltun. Die Guten und die Bösen ziehen jeweils an einem Seil, das sich nach hinten hin im Unsichtbaren verliert. Dort scheinen die Seile miteinander verbunden zu sein, als gäbe es ein Tauziehen zwischen Gut und Böse.

In Thailand lächeln nicht nur Figuren und Statuen, sondern vor allem auch die Menschen. Sie lächeln fast immer. Gewiss dann, wenn sie glücklich sind, aber auch zur Begrüßung, zum Dank, zur Verzeihung oder aber zum Überspielen einer peinlich empfundenen Situation.

Von Thailand aus gesehen jenseits der Zeit- und Datumsgrenze sind sich auch die Amerikaner – wie schon das Beispiel mit Field gezeigt hat – gleichfalls der tiefsinnigen Frage nach dem Lächeln bewusst. Denn jedes Jahr im August veranstalten sie die „National Smile Week“. Da beschenken sich die Leute ohne Grund – nur so zum Spaß. Draußen an den Häusern und drinnen in den Häusern sind breit lachende Pünktchen-Pünktchen-Komma-Strich-Gesichter angeklebt, die sich sogar auf Kuchen und Torten wiederfinden.

Ein amerikanischer Freund, der sonst sehr gut Deutsch sprach, brachte einmal den Satz heraus: „Das ist doch lächelich“ „Lächelich“ – eine schöne Wortschöpfung. Sie hat nicht nur unser Lächeln hervorgelockt, sondern unser Lachen provoziert.
Als wir ihm dann Komplimente für sein exzellentes Deutsch machten, führte unser amerikanischer Freund die Hände zur Brust und sprach: „Oh, ich bin ganz eingedruckt.“
„Eingedruckt“, sagte er, beeindruckt hatte er gemeint. Ja, wer wäre nicht eingedruckt, da das Leben ja so lächelich ist.
Die Nationale Lächel-Woche – als gäbe es sonst im Jahr nichts zum Lachen. Ja: „Immer nur lächeln und immer vergnügt, immer zufrieden, wie's immer sich schickt, lächelnd trotz Weh und tausend Schmerzen, doch wie's da drinnen aussieht, geht niemand was an.“ Solch ein Operettenlächeln muss misslingen.
Das kann nur zum Lächeln eines Oberkellners degenerieren, auf hochgestellten Biberzähnen. Darum kann der Satz nicht wahr sein, dass es niemand was angeht, wie's drinnen aussieht.
Wenn man jeden Tag mit einem Lächeln beginnt, um es hinter sich zu bringen, dann kann man nur dort auskommen. Wenn man das, was man will, nicht hat und das, was man hat, nicht will, wie ein elsässisches Volkslied sagt, dann kommt man dort aus, wo man niemand gern Einblick gewährt – in das, wie's drinnen aussieht. Eine Nationale Lächelwoche?, Nein, ein Nationales, ein Internationales

Lächeljahr wäre auszurufen, und das nicht nur, um unseren Ärzten zu gefallen. Die sagen nämlich, dass das Lachen das Immunsystem stärke und den Gasaustausch in den Lungen um den Faktor 4 verbessere!

Manche Einzelperson hat uns vorgelebt, wie hinreißend ein Lächeln sein kann. Papst Johannes Paul I. und Prinzessin Diana aus Großbritannien darf man hier in einem Atemzuge nennen.

Freilich haben beide die Last eines öffentlichen Gesichtes nicht lange aushalten müssen. Prinzessin Diana wurde nie Königin von England, und Johannes Paul I. war nur 33 Tage lang Papst.

Wie war es bei Jesus? Hat er häufig gelächelt, viel gelacht? So unmittelbar wie bei Sarah spricht die Bibel nicht davon.

Bekanntlich hat Sarah ja ein Gespräch abgelauscht und gelacht, als sie hörte, dass sie von ihrem 99-jährigen Ehemann Abraham noch ein Kind bekommen sollte. Dieses Kind wird dann Isaak genannt, und das heißt übersetzt: „Gott möge lachen!"

In dem berühmten Roman „Der Name der Rose" von Umberto Eco tritt ein Bruder Jorge als Feind des Lachens auf. Das Lachen töte die Furcht, die Furcht aber sei Grundlage des Glaubens.

Ist etwa die Gottesfurcht gemeint? Jedenfalls versteckt Jorge das Werk des Aristoteles über die Komödie. Wüsste er sicher, dass Gott selber lächelt, dann bräuchte er das nicht zu tun.

Und wie ist es nun bei Gott? Lächelt er?

Ein Dichter behauptet es. Natürlich. Es kann nur ein Dichter sein: einem Pastor würde man das nicht abnehmen.
Der 1931 verstorbene Dichter Kahlil Gibran, ein maronitischer Christ aus dem Nahen Osten, der in unnachahmlicher Art und Weise die Bergpredigt mit arabischer Mystik verbunden hat, sagte es so:
„Wenn du Gott erkennen willst, ...sieh um dich hin, und du wirst ihn mit deinen Kindern spielen sehen. Du wirst ihn in den Blumen lächeln sehen ...“

Fastenzeit

Aufforderung zur großen Inspektion der Seele

Heutzutage braucht ein Auto nur alle 15 000 Kilometer eine Inspektion, aber auf der Hälfte der Strecke immerhin einen Ölwechsel. Renommierte Luftfahrtgesellschaften warten ihr Fluggerät häufiger als die gesetzlichen Bestimmungen es vorschreiben.
Doch nicht nur die Maschine, auch der Mensch bedarf der Wartung. Sozusagen. Jedes halbe Jahr erwartet uns der Zahnarzt. Alle paar Jahre lassen wir uns auch beim Internisten blicken, damit der uns richtig durch„checkt", wie man heute sagt.
Für unsere körperliche Gesundheit sehen wir Wartung und Pflege noch ein, auch wenn wir uns manchmal vernachlässigen oder gehenlassen. Wie aber steht es mit unserer seelischen Gesundheit? Unser Inneres, unsere Psyche, bedarf die nicht der Wartung und Pflege?
Die Kirche fordert uns zur großen Inspektion der Seele auf, auch wenn sie das Fastenzeit nennt oder auch österliche Bußzeit.

Es muss ja nicht immer das Beste sein

Herr Bischof, sagt der Kellner,
was darf ich Ihnen anbieten?
Ich habe hier einen süffigen Mosel,
einen lieblichen Rheinwein
und einen trockenen französischen Roten.
Was darf es sein?
Ach, antwortet der Bischof,
Wasser ist immer noch das Beste,
geben Sie mir Wasser.

Wenn Du als christlicher Normalverbraucher
dabeisitzt und das mithörst
und dann selber gefragt wirst,
was du haben willst,
dann gib zur Antwort:
Es muss ja nicht immer das Beste sein!
Geben Sie mir ruhig einen Wein!

Sich wundern, dass man sich wundert – zu Mk 5,21-43

Jesus holt die gerade verstorbene Tochter des Jairus ins Leben zurück. War das die erste Reanimation in

der Geschichte der Medizin? Die erste antike Wiederbelebung?
Nein, schon lange vor Jesus erzählte man sich solche Wundergeschichten. Handelt es sich also um ein Wunder?
Jesus jedenfalls benutzt die Totenerweckung nicht zur Demonstration, so als könne ein Wunder sogartig und suggestiv den Glauben herbeizwingen. Darum liegt das Wunder wohl anderswo, nämlich dort, wo Menschen Gott zutrauen, dass er den Tod besiegen kann. Keine Machtdemonstration also, kein Beweis, wohl aber ein Hinweis. Nichts gibt es hier zu beweisen, wohl aber alles zu bezeugen. Das Wunder führt nicht zum Glauben und verführt nicht zum Glauben. Sonst müsste unser Verstand ja sein blaues Wunder erleben. Vielmehr ist es der Glaube, der zum Wunder führt – führen kann, doch nicht führen muss. „Das Wunder ist des Glaubens liebstes Kind", hier gilt das nicht, denn das Kind ist und bleibt allein die zwölfjährige Tochter des Jairus. Wenn der Glaube gar die Wunder unterdrückt, dann echot es aus der Schlagerwelt: „Wunder gibt es immer wieder, wenn sie dir begegnen, musst du sie auch sehn."
Ich will sie schon sehen und auch zulassen. Von meiner Gönnerhaftigkeit soll das nicht abhängen, aber andererseits soll mein Glaube auch nicht am Wunder hängen. Es genügt, wenn ich mich in der nächsten Woche dabei ertappe, dass ich mich im wahrsten Sinne des Wortes wundere, weil ich da plötzlich sage: „Wunderbar"! oder „Wunderschön"!

Ja, manchmal wundert man sich, dass man sich wundert!
Dennoch darf man nicht darauf lauern, dass ein Wunder geschieht, aber man muss an Wunder glauben, damit eines geschehen kann.

Das Sortieren der Fragen

Das Nein ist leer. Es enthält nichts.
Gegen jedes und alles kann es sich wenden
und bleibt trotzdem unselbständig.
Denn es setzt eine Frage voraus.
Ohne eine Frage, die es verneint, gäbe es kein Nein.
Doch auch das Ja kann leer sein.
Beim Erwachsenen findet man es häufig:
das leere Ja,
gegen das die jungen Leute dann mit Vorliebe
ihr Nein setzen.

Manche halten sich für clever,
wenn sie weder Ja noch Nein sagen.
Sie enthalten sich der Stimme.
Häufig sind sie verantwortungslos,
gelegentlich Verächter, gelegentlich Enttäuschte.

Gut, es gibt Dinge, vor denen man warnen muss,
sobald man sie auch nur empfiehlt.

Dann entsteht das Jein
und mit ihm Erstaunliches.
Denn noch nie hat es ein leeres Jein gegeben.
Es ist immer ein volles Jein, das die Leute sprechen
im Brustton der Überzeugung.

In der österlichen Bußzeit müssen wir also
die Fragen sortieren,
damit wir nicht vom leeren Ja
zum vollen Jein gelangen.
Denn es gibt nicht nur richtig oder
falsch gestellte Fragen,
sondern offensichtlich auch
wichtige und unwichtige.
Und vielleicht gibt es sie ja auch,
die positive Kraft der Bejahung?

„Und führe uns nicht in Versuchung"

So beten wir seit Kindesbeinen im Vaterunser.
Selbst der dümmste Religionslehrer, den wir klugen Kinder je hätten haben können, wusste zu sagen, dass diese Formulierung eine wortgetreue Übersetzung des jesuanischen Unser Vater sei.
„Und führe uns nicht in Versuchung."
Kann Gott ein Versucher sein? Nach dem Jakobusbrief zu urteilen: nein. In der viel älteren Hiobs-

geschichte lässt Gott zu, dass der Satan den Hiob in Versuchung führt.
Satan scheint auch bei uns am Werke, wenn wir in dunklen Stunden der Anfechtung beten: Herr, mach mit meinem Glauben bitte nicht die Probe aufs Exempel! Unsere Großeltern sprachen statt Anfechtung noch von Heimsuchung. Auch der zum Kardinal avancierte Westerwälder Bauernjunge Josef Höffner kannte dieses Wort noch. Unsere Kinder hingegen scheinen weder Anfechtung noch Heimsuchung zu kennen.
Die Generalsynode der anglikanischen Kirche beschloss immerhin im Jahr des Heiles 1998 diese Formulierung:
„Und bewahre uns vor Zeiten der Anfechtung."
War das Jahr 1998 für die Engländer solch ein Jahr des Unheils, dass sie das Vaterunser umformulieren mussten? Welches Jahr meinte die britische Königin, als sie vom annus horribilis sprach?
Wäre die Umformulierung „Und führe uns in der Versuchung" nicht menschlicher, passender, treffender?
„Und führe uns in der Versuchung!"
Wie war das bei Jesus, als er am Ölberg zu den Jüngern sprach: „Wachet, damit ihr nicht in Versuchung fallt." Matthäus hat es so berichtet (26,41). Jesu Muttersprache war Aramäisch. In dieser Sprache kann „in Versuchung führen" auch heißen „in Versuchung hineingeraten lassen". Darauf hat der jüdische Religionsphilosoph Pinchas Lapide hinge-

wiesen. Aber mit hineingeraten wäre man vollends im unpersönlichen Chaos, in das man – man weiß nicht wie – hineingeriet. In Versuchung geführt werden ist fairer und menschlich edler, weil wir dann als individuelle Person ernst genommen werden. Wir werden für würdig befunden, in Versuchung geführt zu werden! Und dann werden wir beten:
„Und führe uns in der Versuchung.“

Ihr seid der Zucker der Erde

Ihr seid der Zucker der Erde. Ihr sollt den Menschen das Leben versüßen. Mit euch im Bunde wird für die Menschen das Leben ein Zuckerschlecken sein. So hat Jesus zu seinen Jüngern nicht gesprochen. Er hat vielmehr zu ihnen gesagt: „Ihr seid das Salz der Erde.“ Zucker zu sein, wäre gewiss einfacher. Man macht sich beliebt. Wir jedoch sollen Salz sein, das Salz. Doch damit hat Jesus nicht gemeint, dass wir den anderen die Suppe versalzen sollen. Andererseits schmeckt jede Speise schal, an der kein Salz ist. Das eben ist das Besondere des Salzes, dass es jeder Speise erst zu ihrem eigenen Geschmack verhilft. Vorausgesetzt, man salzt mit Fingerspitzengefühl! Wir Christen müssen also lernen, uns zurückzunehmen. Wenn wir das nicht tun, wird man uns zurücknehmen, das heißt zurückversetzen. Ach, wären wir Christen doch so etwas wie das Salz in der Suppe oder die Hefe im Teig!

Ostern

Ostern: eine Insel im Sturm der Zeit?

Im April des Jahres 1722 entdeckte der holländische Kapitän Jacob Roggeveen, verloren in den Weiten des Pazifischen Ozeans, eine kleine Insel. So klein wie die Insel war, so gigantisch waren die Kolossalfiguren, die man darauf fand und deren Bedeutung bis heute niemand entschlüsseln konnte. Als sie dieser geheimnisvollen Insel einen Namen gaben, fiel dem Kapitän und seiner Mannschaft nichts besseres ein als – Osterinsel. Denn es war am Ostermontag jenes Jahres 1722, dass sie dort Anker geworfen hatten.

Wenn doch die gesamte Christenheit im stürmisch bewegten Meer der Zeit wieder Anker werfen, sich wieder festmachen könnte. Ist nicht das Osterfest eine ebenso geheimnisvolle wie rettende Insel im Sturm der Zeit? Dass wir dort festmachen und ausruhen, um uns wieder herauszuwagen ins Offene, ins Abenteuerliche des auferstehenden Lebens. Denn sich auf der Insel aus Angst vor den Wogen des Lebens festmachen wollen, hieße letztlich, der Bedeutung von Ostern nicht trauen.

Es geht auf Ostern zu oder Die Heiterkeit heiratet den Glauben

Im Jahre 1671 stellte der große Baumeister des Barock Lorenzo Bernini nahe am römischen Quirinalspalast die Andreaskirche fertig. Ein prächtiges Werk, ein Meisterwerk ist diese Kirche geworden und ein Kleinod voll Intimität geblieben: ein bewegter, feierlicher Kreis, der in der Bewegung zum Oval gerät.
Der Glaube vermählt sich mit der Heiterkeit! Eine seltene Verbindung, fürwahr! Und eine hochadelige noch dazu.
Das Bemerkenswerteste aber ist die Kuppel.
In ihrer Rundung versammeln sich die kleinen Engel wie junge Spatzen, als hätte der liebe Gott sie gerufen. Einige von ihnen kommen zu spät. Wie Bambini romani sind sie verbummelt und hasten aus der Höhe nach. Das aufmerksame Auge erschaut es.
Welch ein Glaubensprivileg diese Nachsicht, verbummelt und somit verspätet ankommen zu dürfen! Mit tausend erfundenen, märchenhaften Entschuldigungen auf den Lippen. Es wird Nachlass, Vergebung und Verzeihung gewährt. Ganz einfach heitere Huld. Und welcher Bummelant die auch immer erfährt, der wird selber nachsichtig und heiter huldvoll. Denn die Heiterkeit heiratet den Glauben, der Glaube vermählt sich mit Heiterkeit. Überall?
Oder nur in Sant' Andrea al Quirinale zu Rom?

Krippe und Kreuz – eine Legendenbildung

Wie aufschlussreich doch die Legenden sind! Der Esel, auf dem Jesus in Jerusalem einreitet, stammt von dem Esel ab, der bei seiner Geburt an der Krippe stand. Die Dichter schaffen neue Mythen. Wie richtig Max Scheler das doch gesehen hat.

Das Kreuz stammt von demselben Holze, von dem auch schon die Krippe stammte. Krippe und Kreuz sind aus demselben Holz geschnitzt. Jesus reitet auf einem Esel in Jerusalem ein, nicht auf einem Pferde. Er muss darum vom hohen Ross nicht erst heruntersteigen. Das Pferd drückt Herrschaft aus, der Esel Sanftmut.

Hosianna wird geschrien. Es sind dieselben Leute, die später „Ans Kreuz mit ihm" schreien werden. Welch plötzlicher Stimmungsumschwung und Gesinnungswandel! Wie bei den Schlachtenbummlern auf unseren Fußballplätzen. Die eben noch be-geistert „Tor" gebrüllt hatten, schlagen bei einem plötzlichen Gegentor be-hämmert alles kurz und klein. Krippe und Kreuz sind vielleicht doch nicht aus demselben Holze geschnitzt, aber die Esel, die sind immer dieselben.

Wer, zum Teufel, hat das Kreuz erfunden?

Jesus sagt, wir sollen unser tägliches Kreuz auf uns nehmen. Unser tägliches Kreuz – oder das Kreuz täglich? Unser tägliches Kreuz wie das tägliche Brot? Ja, wir wissen nur zu gut, dass das Kreuz zu unserem Leben gehört. Nicht weil der Schöpfer des Lebens ein Sadist wäre, nicht weil ihm in der Schöpfung mit dem Kreuz ein Konstruktionsfehler unterlaufen wäre, sondern weil das Kreuz eine urmenschliche Erfindung ist. Schon Jesus hat das zu spüren bekommen.

Ja, eine Erfindung des Bösen, das sich in uns findet, ist das Kreuz, eine Frucht der Sünde, wie man früher gesagt hätte. Wäre es ein Nebenprodukt, ein Abfallprodukt unserer Freiheit, dann wäre es nur eine unerwünschte Nebenerscheinung von etwas, das uns unmäßig Freude macht, wie der Kater nach üppigem Gelage, wie das Sodbrennen nach üppigen Mahlzeiten. Nein, das Kreuz ist mehr. Das Kreuz hat der Mensch erfunden; jeder von uns hätte es erfinden können.

Darum heißt Karfreitag, heißt Kreuztragen, Konsequenzen tragen, und darum muss ich dabei nicht traurig sein oder unglücklich sein. Ganz im Gegenteil, eine schweigende Freude, eine ruhige Freude darf ich in mir zulassen, weil tun, was konsequent, weil tun, was notwendig ist, mich mit ihm vereinigt, dem großen Kreuzträger der Menschheit.

Die Grabstätte des Kardinalstaatssekretärs Cicognani

Die Lateiner und, in Nachfolge von ihnen, die Italiener mochten nicht gern in einem Erdgrab bestattet werden. Die Gräber mussten hochgebettet, möglichst von kostbarem Marmorstein umschlossen und mit einer Gedenktafel versehen sein, worauf in hehrer dichterischer Sprache die Verdienste des Verstorbenen kundgetan waren.

In der Krypta der römischen Kirche San Clemente hat dieser Brauch beim Grab des ehemaligen Kardinalstaatssekretärs Cicognani zu einer Kuriosität geführt. Die Grablege dieses Kirchenmannes, der unter Umständen ein Papst geworden wäre, klebt wie ein Schwalbennest unter der Decke. Man geht da drunter hindurch, um eine Tür zu erreichen. Und das ist sowohl theologisch als auch spirituell ganz richtig.

Schweben wir Christen nicht stets zwischen Himmel und Erde? Sind wir doch nicht ganz von hier und noch nicht dort, haben die Füße weder auf der Erde noch den Kopf im Himmel. Ja, wir hängen zwischen

allem, wir Christenmenschen: zwischen Himmel und Erde, Theorie und Praxis, Seele und Leib, zwischen Sünder und Heiligem.
Zwischen Sünder und Heiligem, da hängt er: der Mensch. Die genaue Mitte zwischen Sünder und Heiligem ist der Mensch. Wer dem nicht zustimmt, dem muss die Alternative vor Augen gehalten werden.

Jesus als Rolling Stone? – zu Mt 28,1-10

Jesus als Rolling Stone? Als rollender Stein? Ein Engel, so Matthäus, hat den Stein ins Rollen gebracht, der vor seinem Grabe lag. Die Frauen, anfänglich wie versteinert, sahen, dass er weggerollt war. Dabei ist er sehr groß gewesen, wie andere Schriften zu berichten wissen. Den beiden Marien muss also ein Stein vom Herzen gefallen sein, als sie den Stein weggerollt sahen. Sie dürften sich geschworen haben: „Der Stein, der mir vom Herzen fiel, den will ich nie mehr werfen." „Wer von euch ohne Sünde ist, der werfe den ersten Stein." So hatte der Gekreuzigte ja selbst gesprochen.
Dennoch war es nicht der Stein der Weisen. Der Stein des Anstoßes vielleicht? Oder der Stein, aus dem man Feuer schlägt?
Osterfeuer. Rolling Stone.

Ist es der Stein, den die Bauleute verworfen haben, der aber zum Eckstein wurde? Also doch nicht Stolperstein, sondern Baustein?
Eins, zwei, drei, vier Eckstein: Kinderspiele. Ostern. In uns jedoch noch immer das steinerne Herz und nicht ein Herz von Fleisch und Blut. Denn immer wieder findet sich jemand, der den ersten Stein wirft, einen Steinwurf weit einen anderen Menschen treffend. Achtung Steinschlag! Doch ich, der ich im Glashaus sitze, sollte das nicht laut sagen. Es ist zum Steinerweichen.
Womit erschlug Kain seinen Bruder Abel auf dem Feld, wenn nicht mit einem Stein? Der Stein, die erste konventionelle Waffe in der Geschichte der Menschheit! Steinzeit. Steinschlag. Steinernes Herz. Caduta sassi. Es ist zum Steinerbarmen. Wenn wir das verschweigen würden, würden an unserer Statt die Steine schreien.
Die schreien sowieso. Es sind jene Steine, die wir den anderen in den Weg legen und selbst in den Weg gelegt bekommen. Dieser Satz muss nicht vom großen Goethe gewesen sein, um ihm zustimmen zu können: „Aus Steinen, die uns in den Weg gelegt werden, lässt sich etwas Schönes bauen." Ja, Jesus, geliebter Rolling Stone, du wirst bei mir einen Stein im Brett haben, wenn du mir wieder den Engel schicken lässt, der den Stein wegrollt, der schon so lange vor meinem Grabe liegt. Er muss sich ja nicht gleich draufsetzen, wie Matthäus schreibt, sondern kann sofort zum nächsten Grab weiterfliegen.

Das leere und das volle Grab

Der erste Kaiser von China ließ neben seinem Mausoleum 7000 Terrakotta-Figuren in Schlachtordnung aufstellen. 2000 Jahre ist es her. Sein Grab war voll.
Der erste Christ Jesus hinterließ ein leeres Grab. Auch das ist 2000 Jahre her.
Wo alles voll ist, gibt es keinen Raum für das Neue.

Das schönste Erkennen ist Wiedererkennen

Wie rührend sind doch Klassen- oder Ehemaligentreffen! Sie haben viel Zulauf. Mag man sich in der Schulzeit auch unausstehlich gefunden haben, nach Jahren vernimmt man doch gern, was aus dem Einzelnen geworden ist. Man schaut sich ins Gesicht und versucht in den Zügen eines Fünfzigjährigen die eines Fünfzehnjährigen auszumachen. Dramatischer und aufwühlender ist das Wiedersehen von Menschen – Eheleuten oder Geschwistern –, die durch Kriegsereignisse gewaltsam voneinander getrennt wurden.
Ein vergleichbar aufwühlendes Wiedersehen und Wiedererkennen muss wohl das der Emmausjünger

mit ihrem auferstandenen Meister gewesen sein. Wahrscheinlich sind die Jünger dabei auch sich selber wiederbegegnet – ihren großen Entwürfen und Erwartungen –, ihrem besseren Ich. Mit einer leisen Mischung von Traurigkeit. So wie es ein Jünger des späten 20. Jahrhunderts ausdrückte:
„Der, der ich bin, grüßt traurig den,
der ich sein sollte."

Marienmonat Mai

Orte der Kirche, Orte des Humors

Sevilla:
Auf einem Azulejo. also einer Keramik-Kachel, im Eingang des Museo de Bellas Artes, einem früheren Kloster, sieht man geschorenen Hauptes einen Gottesmann in mystischer Versenkung.
Zu seiner Rechten erscheint Maria und entsendet einen Strahl weißer Muttermilch auf sein Haupt. Zu seiner Linken erscheint der Gekreuzigte und entsendet einen Strahl roten Blutes auf sein Haupt.
Rot wie Blut und weiß wie Milch …

Ravenna:
Humorig ist schon das Kommen in diese Stadt. Die gebogene Küstenstraße ist wie das Rückgrat der Emilia Romagna. Die vielen Sonnenschirme, die man von hier aus sieht, haben ihr einen volkstümlichen Namen eingebracht: Via Obrellone, Straße der Sonnenschirme.
Ravenna ist vor allem berühmt durch die Mosaik-Kunst.
Nach vielen illustren Orten wenden wir uns dann der Kirche San Francesco zu. Sie stammt aus dem 5. Jahrhundert. Ihre Ursprünge liegen heute über drei-

einhalb Meter unter der Erde. Darum steht die Krypta, die 400 oder 500 Jahre später entstand, heute unter Wasser. Jedes Jahr steigt dieses Grundwasser um einen Millimeter. Mosaiken schimmern aus ihm herauf, und es zeugt von Humor, dass man dort hinein einen Goldfisch gesetzt hat, dessen Farbe die der Mosaike noch ein Stück lebendiger macht.

Graz:
Bescheiden am Stadtrand, im Leech, auf einem sanften Hügel, inmitten eines einst sumpfigen Geländes, liegt eine Marienkirche. 1255 wurde vom Deutschen Orden mit ihrem Bau begonnen. Den Steyrern diente sie während der Türkenkriege Anfang des 16. Jahrhunderts als Zufluchtsort. Heute dient sie als Universitätskirche friedlicheren Zwecken.
Diese markante Marienkirche wird zu Recht als ein Juwel österreichischer Gotik angesehen. Bis in den Ostalpenraum ist also der Einfluss französischer Kathedralgotik wirksam gewesen. Über dem Portal erblickt man, wie könnte es bei einer Marienkirche anders sein, eine Marienfigur.
Maria trägt den Jesusknaben, der seine Mutter lieblich am Kinn krault. Und eine Krone trägt Maria, in der Jahr für Jahr ein Vogel sein Nest baut. Maria ist dabei kein Zacken aus der Krone gebrochen.

Swieta Lipka, Frombork, Krzeszow:
Der Orgelprospekt der barocken Kirche in Swieta Lipka, auf deutsch Heiligelinde, ist von zwei Säulen

bestimmt, in denen die Pfeifen untergebracht sind. Auf der linken Seite sieht man Maria, auf der rechten Seite den Erzengel Gabriel. Während die Orgel spielt, bewegt sich die Figur des Erzengels mit dem gesamten Oberkörper. Maria, antwortend, neigt huldvoll ihr Haupt. Aber damit nicht genug: noch andere Bewegungen gibt es im Orgelprospekt. Eine ganze Reihe von Engelchen läutet mit kleinen Handglocken. Im Rücken des Orgelspielers sind zwei weitere Säulen angebracht, kleiner als die vorhin geschilderten, auf denen jeweils ein Engel steht mit einer Trompete in der Hand. Während des Spiels bewegen sich die Trompeten auf und ab – wie zum Dank für Mariens Empfängnis. Auf der gegenüberliegenden Seite der Kirche, im Hauptaltar, liegt unter dem Tabernakel aber bereits das neugeborene Jesuskind.
Fährt man weiter nach Masuren hinein, nach Frombork, auf deutsch Frauenburg, zur ehemaligen Bischofskirche, dann sieht man in einem gotischen Triptychon, wie Jesus schon etwas älter geworden ist. Maria, stehend auf einem Halbmond, hält ihn im Arm. Jesus aber breitet seine Arme aus und will heruntergelassen werden wie ein ungeduldiges Kind, das endlich laufen will.
Schließlich fahre man ins schlesische Krzeszow, auf deutsch Grüssau. In der dortigen barocken St.-Josephs-Kirche befindet sich gleich in der ersten Kapelle auf der Südseite ein Fresko des berühmten Malers Michael Willmann. Es zeigt die Rückkehr

des heiligen Paares aus Ägypten. Jesus steht jetzt auf eigenen Füßen, genauer gesagt, er geht, rechts und links von seinen Eltern an die Hand genommen. Das Umwerfende an diesem Fresko ist, dass Maria sich aus Ägypten einen Hut mitgebracht hat. Den trägt sie auf dem Kopf wie alle Frauen, die einen neuen Hut ausführen. Ich habe sehr viele gekrönte Madonnen gesehen, aber noch nie eine Maria mit Hut.

Pfingsten

Ein schokoladiges Pfingst-Maskottchen

Worin liegt die Schwäche des Pfingstfestes?
Sie liegt darin, dass der Heilige Geist der Gott geblieben ist, den die christlichen Theologen schon vor Jahrzehnten als unbekannt beklagten. Seither haben sie sich mit diesem nicht näher bekannt gemacht – ebenso nicht die gewöhnlichen Christen. Man wird zugeben müssen, dass es sich hierbei um eine enorm starke Schwäche handelt.
Doch nach einer zweiten Schwäche erlauben wir uns einmal zu fragen: Liegt die Schwäche von Pfingsten nicht in der Tatsache, dass für dieses Fest noch kein schokoladiges Maskottchen erfunden wurde?
Weihnachten gibt es den Schokoladen-Weihnachtsmann, Ostern den Schokoladenhasen. Aber Pfingsten? Die Gießformen für Weihnachtsmann und Osterhasen ähneln sich verblüffend, auch gewichtsmäßig. Bei der Taube des Heiligen Geistes gäbe es Schwierigkeiten. Sie hat zu wenig kompakten Körper, und ihre beiden Flügel machen sie so zerbrechlich.
Gott sei Dank. Denn alles, was man in Schokolade gießen kann, nutzt sich ab, wird profan, verkitscht.

Die Schwäche des Pfingstfestes, über noch kein schokoladiges Maskottchen zu verfügen, erweist sich also als Stärke.

Der Heilige Geist als Gegenwind

Der Wind bläst der Kirche ins Gesicht. Das hat die Kirche nicht gern. Das hat niemand gern: weder Tennis- noch Fußballspieler, von Surfern gar nicht zu reden. Mit Rückenwind ist das Leben leichter als mit Gegenwind.
Wie aber, wenn die Kirche eine Art Windmühle wäre? Die kann mit Rückenwind nichts anfangen. Der Wind muss von vorne kommen, muss ihr ins Gesicht pusten, sonst rühren sich ihre Flügel nicht. Mit einer Spielzeugwindmühle lässt sich das demonstrieren. Ich kenne einen Pfarrer, der zur Pfingstmesse für die Kinder eine Spielzeugmühle hervorkramte und sie einmal von vorn und einmal von hinten anpustete. Da konnte man es sehen:
Nur bei Gegenwind bewegt sich was.
Wenn es nun aber weder Rücken- noch Gegenwind gibt? Kommen dann die Windmacher zum Zuge mit ihrer Zugluft? Es soll ja Leute geben, die noch mit einem Reibekuchen, mit einem Kartoffelpuffer, Wind zu machen vermögen …
Gott sei Dank gibt es immer wieder den natürlichen

Dreifaltigkeitssonntag

Drei Hasen und drei Fische

Womit symbolisiert man die heilige Dreifaltigkeit? Am naheliegendsten ist ein gleichschenkliges Dreieck. Ein deutscher Bischof, der viel über das Geheimnis der heiligsten Dreifaltigkeit meditiert hat, trug einen solchen Ring. Drolliger wären allerdings drei Häschen, die über einem Dreieck einherspringen. Das sei respektlos? Wer das sagt, kennt nicht das Dreihasen-Motiv in einem Fenster des Domes zu Paderborn. Wer die Dreifaltigkeitskirche in Stratford-upon-Avon betritt, wo der große Shakespeare begraben liegt, entdeckt gleich am Eingang ihr Wappen. Drei Fische springen munter einher, im Sprung einen Kreis bildend. Man muss sich das vergegenwärtigen: die allerheiligste Dreifaltigkeit wird durch hüpfende Häschen und springende Fische dargestellt. Wieviel Spiel steckt doch darin und wieviel Bewegung! Unser Gott ist nicht starr und einsam. Er ist Kommunikation von Vater, Sohn und Heiligem Geist.

Fronleichnam

Das Feinschmeckerrestaurant und das Schnellrestaurant

Unser schönster Gottesdienst, die Eucharistiefeier, die Messe, ist ein Mahl, ein festliches Essen.
Das Reich Gottes, das ewige Leben vergleicht Jesus mit einem Festmahl. Wie soll man das dem heutigen Menschen nahe bringen, der entweder nur Schlemmerlokale oder nur Schnellrestaurants kennt? In einem Schlemmerlokal, einem Feinschmeckerrestaurant zu speisen, das bedeutet bei Kerzenschein pseudosakral mümmeln zu müssen, während sich die Oberkellner gravitätisch bewegen wie Hohepriester beim Pontifikalhochamt. Nichts Fröhliches gibt es in einem solchen Restaurant. So kann ein himmlisches Festmahl nicht sein. Und auch das Schnellrestaurant kann es nicht sein, wo man einen quadratischen Fraß mampft oder schlingt, ohne den Nachbarn auch nur wahrzunehmen. Wo also trifft man uns noch bei einem Essen an, das Modell sein kann für das Festmahl im Reiche Gottes?

Der Fronleichnamsträger ein Hoffnungsträger?

In Rom sah ich ein Bild von Papst Pius IX. Es zeigt den Papst, wie er das Allerheiligste trägt. Das ist nichts Besonderes, das tun alle Priester zu Fronleichnam. Doch auf besagtem Bild ist zu sehen, dass der Papst selber getragen wird, während er das Allerheiligste trägt. Das sieht sehr eigenartig aus, doch der Sinn ist stimmig: Wer für die Gemeinschaft etwas Kostbares und Wichtiges trägt, verdient es, selbst getragen zu werden. „Wer trägt, der wird getragen." Das muss für alle gelten, für Priester und Laien. Hoffentlich wird da niemand fallen gelassen. Doch weniger Würdenträger als vielmehr Entscheidungsträger und Hoffnungsträger braucht es.

... in einem Tabernakel eingesperrt

Der vierjährige Enkel drängt seine Großmama, mit ihm am Sonntagnachmittag in die Kirche zu gehen, um dem lieben Heiland eine Freude zu machen. Denn der ist immer so eingesperrt in seinem Tabernakel. Der liebe Heiland in einem Tabernakel eingesperrt! Welch rührendes Wort aus einem Kindermund!

Heute, auf Fronleichnam, wird der liebe Heiland aus seinem Tabernakel zwar einmal rausgelassen, und über unsere Straßen spazierengeführt, aber er bleibt überall dort eingesperrt, wo wir sein Evangelium zwar verkünden, aber nicht tun.

JOHANNES

Johannes der Täufer oder Wenn das Abendrot in die Morgenröte übergeht

Er ist nicht der Erlöser und möchte es nicht sein, obwohl Leute auftreten, die ihm das einreden wollen. Johannes begreift sich nur als Vorläufer von Jesus, als Wegweiser zu ihm. Dieses „Nur" aber ist für ihn ein „Alles".

Denn er findet sich selbst
im Tiefsten seiner selbst
in diesem Nur. Weil sein Nur
aus „schon jetzt"
und „noch nicht" besteht.
Hätten doch auch wir
solch ein Nur.

Die katholische Kirche gedenkt des Täufers immer am 24. Juni. Feiert sie sonst den Todestag eines Heiligen, so begeht sie diesen Tag als den Geburtstag des Johannes. Sonst haben in der katholischen Liturgie nur Jesus und Maria ein Geburtsfest. Das zeigt, wie hoch man die Bedeutung des Täufers veranschlagt. Ihn zu feiern, sollte man sich eigentlich ans Nordkap oder nach St. Petersburg begeben. Denn am Nordkap scheint an dem Tag die Mitternachtssonne. Und in St. Petersburg ist die Nacht taghell. Das Abendrot geht direkt in die Morgenröte über. Johannes sagte von sich: „Ich muss abnehmen; er muss zunehmen.“ Mit dem 24. Juni, dem Tag der Sommersonnenwende, nehmen die Tage ab.

Maria Himmelfahrt

Mariä Himmelfahrt: nichts Besonderes!

Ihr Katholiken habt mit Maria immer etwas Besonderes im Sinn: ein nicht selten gehörter Vorwurf. Dabei ist Mariä Himmelfahrt gar nichts Besonderes. Einmal, weil sie vorgebildet ist durch Christi Himmelfahrt, zum anderen, weil im Christentum grundsätzlich eine Strebekraft (eine Hydraulik) am Werke ist, die alles Menschliche nach oben reißt. Diese Strebekraft ist innerlich, äußert sich aber auch äußerlich, z. B. in den beim Beten nach oben gestreckten Händen (Orantenhaltung). Doch in der gesamten Menschheit stellt man seit Einführung des aufrechten Gangs den Drang nach oben fest. Mariä Himmelfahrt ist also nichts Besonderes. Aus einem besonderen Grunde nicht: Wir alle sollen ja einmal zum Himmel auffahren. Maria hat uns da nur einen Vorsprung voraus. Es muss allerdings daran erinnert werden: Gott ist nicht da, wo der Himmel ist, sondern der Himmel ist da, wo Gott ist. Wie Jesus daran erinnert hat: nicht seine Mutter ist selig zu preisen, sondern diejenigen, die das Wort Gottes hören und es befolgen.

ERNTEDANK

Messdiener-Rache

Der Obermessdiener Bruno pflegte guten Umgang mit dem Pfarrer der Gemeinde. Er mochte diesen auch. Und so nahm er es sich des Öfteren heraus, mit einem Freund in den Pfarrgarten einzusteigen. Dort prangte in der Mitte zwar nicht der Baum der Erkenntnis, wohl aber ein stattlicher Birnbaum, tief mit seiner Pfahlwurzel im Boden verankert.
Eines Tages wurden beide von der Haushälterin des Pfarrers erwischt und erhielten rechts und links reichlich Ohrfeigen. Würde die Geschichte in Österreich passieren, dann würden wir von Häuserin sprechen und von Watschen.
Das Erwischtwerden hat den Bruno nicht so sehr gekränkt, wohl aber hat es seinem frischen Mannesstolz Abbruch getan, von einem Weibsbild Ohrfeigen zu kassieren. Darum sann er auf eine sublime Rache, eine Messdiener-Rache.
Schon am Tag darauf überwanden Bruno und sein Freund erneut die Gartenmauer und kletterten in den Birnbaum. Diesmal pflückten sie nicht einfach so ein paar Birnen, sondern bissen alle erreichbaren Birnen an und ließen sie mit Stumpf und Stil im Baume hängen.

Der Birnbaum trug eine hervorragende Sorte von Tafel- und Wirtschaftsbirne. Bruno erinnert sich heute nicht mehr daran, welche Sorte es war. Passend für die Situation wäre gewesen, wenn es sich um die Pastorenbirne gehandelt hätte, die man um 1760 in Mittelfrankreich gefunden hatte. Oder war es vielmehr die Sorte Williams Christbirne, aus der sich bekanntlich ein guter Schnaps destillieren lässt? Das ist wahrscheinlicher, denn der Pfarrer war einem Gläschen, in Österreich würde man sagen, einem Stamperl, nie abhold gewesen.

Reformationsfest

Luthers Thesenanschlag erfolgte mit Tesa

Auf dem Bild sieht man einen kräftigen, fast schon korpulenten Mann, der, mit einem mächtigen Hammer bewaffnet, ein dickleibiges Stück Papier, fast schon einen Karton, auf eine Kirchentür nagelt. Auch die Nägel sind von erschrecklichem Kaliber. Die dazugehörigen Hammerschläge durchzittern den Katholizismus an jenem 31. Oktober 1517 und nicht nur die Schlosskirche zu Wittenberg.

Schon in den sechziger Jahren des vergangenen Jahrhunderts frug Professor Iserloh:

„Luthers Thesenanschlag – Tatsache oder Legende?“

Der andere – eigentlich viel konziliantere – Reformator Melanchthon hatte in der Vorrede für Band II der lateinischen Schriften Martin Luthers vom Thesenanschlag an der Schlosskirche berichtet und damit der Legendenbildung den nötigen Anstoß gegeben. In Wahrheit hatte Luther wohl ganz unspektakulär seine Thesen an den zuständigen Bischof geschickt – sozusagen auf dem Dienstweg: an Albrecht von Brandenburg.

Dennoch wucherte bald die Legendenbildung. Nicht so sehr Geschichten entstanden als vielmehr alle Arten von Bildern, Stiche zumal.

Auf einigen ist es Luther selbst, der nagelt, auf anderen lässt er nageln. Auf einigen Abbildungen – den katholischen natürlich – sieht Luther aus wie einer der Henkersknechte, die Jesus ans Kreuz nageln. Auf anderen – den protestantischen natürlich – ist er die Geistesgröße, die zum Nageln viel zu erhaben ist, und wenn, dann ähneln die Nägel eher Reißzwecken. Sie pieksen, aber verwunden nicht.
Nach der Einigung in der Frage der Rechtfertigung machen wir hier einen Vorschlag zur Güte. Weder Sargnägel noch Reißzwecken hat Luther verwandt, sondern das transparente Klebeband, das unter dem Namen „Tesafilm" fast monopolartig bekannt geworden ist. Kein Wunder bei dieser theologischen Fundierung! Tesa, das leitet sich von These ab: von 95 Thesen! Das ist unser Beitrag zu einer neuerlichen Legendenbildung.
Ach, bei einigem Nachdenken ist zu fürchten, dass es dennoch nicht zu einer neuerlichen Legendenbildung kommen wird. Denn Tesa steht für das Provisorische. Roger Schutz, der bekannte Prior aus Taizé, bei dem Luther etwas gilt, sprach einmal von der Dynamik des Provisorischen. Die Lutheraner in Wittenberg hingegen haben Luthers Thesen inzwischen in Bronze gegossen. Es ist unübersehbar bei der Besichtigung der Schlosskirche. Da bleibt nichts mehr vom Provisorischen. Da ist alles zementiert – pardon! – unveränderbar in Bronze gegossen für die Ewigkeit!

Allerheiligen

Heiligkeit als Selbstvergessenheit

Die Kirche macht es sich nicht einfach zu sagen, dieser Mann oder diese Frau da ist heilig. Es gibt kein Heilig-Sagen, sondern ein Heilig-Sprechen. Es wird kein kurzer Prozess gemacht, sondern ein Heiligsprechungsprozess veranstaltet (in dem der berühmte Advocatus diaboli auftritt).
Auf Allerheiligen allerdings feiert die Kirche die vielen unbekannten Heiligen. Die heiligen Briefträger, die heiligen Milchfrauen, die heiligen Auskunftsbeamten, die heiligen Müllmänner usw. ... wie der Priesterdichter Wilhelm Willms sie uns vorstellt. Die Kirche feiert jene Menschen, die sich zu ihrer Zeit wegverschwendet haben an das, was zu tun war, häufig ohne Dank zu erfahren. Jene Heiligen sind gerade darum heilig, weil sie sich nicht darum gekümmert haben, ob das, was sie taten, als heilig anerkannt werden würde oder nicht. In ihrer Selbstvergessenheit und der Bereitschaft, auch in dem, was sie so Gutes taten, vergessen zu werden, unterzutauchen in einer anonymen großen Schar, sind sie unser Hoffnungspotential, die Ahnung, dass das nicht umsonst ist, was Heiligkeit bedeutet.

Die verhinderten Heiligen schweigen betroffen

Ich habe das Zeug zu einem Heiligen …
Ja, allen Ernstes. Und ich sehe hier (der Priester hebt den Blick und schaut die Kirchgänger an), ich sehe hier viele, viele andere Personen, die ebenfalls das Zeug zu einem Heiligen haben. Einige junge Männer dort hinten, die immer unter der Orgelempore stehen, und einige alte Frauen hier vorne in den ersten Reihen sowie einige Kinder dort drüben im Seitenschiff.
Wir alle haben das Zeug zum Heiligen. Doch gibt es ein paar Dinge, die mich daran hindern, ein Heiliger zu werden. Als erstes das Auto, weil es mich zu Geschwindigkeit und Hetze verführt. Ein gehetzter Mensch wird nie ein Heiliger sein können. Dann hindert mich das Fernsehen, ein Heiliger zu werden. Denn ein Mensch, der auf Zerstreuung und Unterhaltung aus ist, wird nie ein Heiliger sein können. Weiter hindert mich das Telefon, ein Heiliger zu werden. Denn ein zwanghafter und geschwätziger Mensch wird nie ein Heiliger sein können.
Schließlich hindert mich der Kühlschrank, ein Heiliger zu werden. Denn ein satter, von Delikatessen genährter Mensch wird nie ein Heiliger sein können.
(Der Priester senkt den Blick und die ganze Gemeinde – die verhinderten Heiligen – schweigen gemeinsam.)

St. Martin

Die geistliche Deutung von Pferde- und Schweinsgalopp

Im Pfarrhaus ging eine Beschwerde ein. Der Mann, der dieses Jahr den Sankt Martin gespielt habe, sei der letzte Mensch gewesen - außerdem zu jung für einen Sankt Martin.

Der Pfarrer dachte sich, ich habe die umgekehrten Probleme eines Regisseurs. Bei dem beklagen sich die Leute, dass die Liebhaber, die er auswählt, zu alt seien. Dieser Sankt Martin sei mit seinem Pferd losgaloppiert, und die Kinder hätten mitsamt ihren Laternen im Schweinsgalopp hinterherhetzen müssen. Ja, dachte sich der Pfarrer, Pferdegalopp und Schweinsgalopp sind nun Mal nicht dasselbe.

Dann, am Feuer hätte ein Kind nach dem Bettler gefragt, mit dem Sankt Martin doch den Mantel geteilt hat. Daraufhin habe dieser Mime, dieser letzte Mensch, doch tatsächlich gesagt: Der Bettler ist nicht da, der hat im Lotto gewonnen und kommt nicht mehr.

Der Pfarrer, der die Beschwerde entgegennehmen musste, den Darsteller des Sankt Martin aber nicht bloßstellen wollte, erwiderte: Wissen Sie, das Problem ist von grundsätzlicher Natur und eigentlich unlösbar. Die Heiligen entschwinden uns im Pferdegalopp und wir gewöhnlichen Gläubigen hetzen ihnen im Schweinsgalopp hinterher.

Totensonntag

Christenmenschen und ihr Umgang mit dem Sterben

Wie als Arzt kommt man auch als Pfarrer viel mit Sterbenden zusammen und erlebt da seine Überraschungen.

Dass eine schlichte, einfache Frau, die ihr Leben lang nicht viel anderes getan hat als im benachbarten Hotel den Kartoffeln, die aus der Schälmaschine kommen, von Hand die letzte Reinigung vor dem Abkochen zu geben, groß wird im Tod. Dass dagegen eine offizielle Persönlichkeit, ausgerüstet mit Titeln und akademischen Graden, im Sterben ganz erbärmlich wirkt. Das kann eine Überraschung sein. In deinen ersten Dienstjahren sinnst du darüber nach, warum das so sein kann.

Oder aber du wirst zu einer kranken alten Frau gerufen und im Korridor von den Verwandten abgefangen, die dir sagen: Herr Pfarrer, unsere Mutter ist sehr krank und wird wohl bald ans Sterben kommen, aber sagen Sie der alten Frau nichts, sie könnte sich zu viel Unruhe machen. Natürlich verspricht man das und wird vorgelassen. Die kranke alte Frau erweist sich als eine Dame, die ihre Lebensbeichte ablegt und andächtig kommuniziert. Dann sagt sie plötzlich in die Kommuniondanksagungsstille hinein: Herr Pfarrer, ich weiß, dass ich bald sterben werde, aber bitte sagen Sie nichts davon meinen Kindern, die könnten sich doch viele Unruhe machen.

Christkönig

Jesus Bruder, Christus König

Katholiken haben es gut, denn sie können immer alles auf den Papst schieben. Was sich Pius XI. nur gedacht haben mag, als er 1925 das Christkönigsfest einführte?

Über siebzig Jahre später möchte man eher an die Einführung eines Christusbruderfestes denken. Bis der Papst auf diesen Gedanken kommt, könnten wir uns schon einmal in der Brüderlichkeit üben und auch in der Zurücknahme unserer selbst. Denn das Königliche an Jesus ist ja gerade, dass er so brüderlich war. Er hat sich zurückgenommen auf Gott hin. Gott allein gebührt die Ehre. Aus lauter Verehrung für Jesus vergessen wir das manchmal. Aus Eifer sind wir über das Ziel hinausgeschossen. Vielleicht ehrt uns das sogar. Doch die Entfernung zwischen Christus König und Jesus Bruder, die gilt es neu in den Blick zu nehmen.

Ihr seid das Salz in der Suppe – Leben im Alltag

Eine Zechtour mit weitreichenden Folgen

Am 14. September 1871 wurde auf einem Gutspachthof im Sauerland Karl Joseph Schulte geboren. Er war so verschlossen, wie Sauerländer als verschlossen gelten, besonders aus Sicht der Rheinländer. Trotz dieser Verschlossenheit war er immerhin offen genug, in Bonn das Theologiestudium anzugehen. Im Theologenkonvikt herrschte dazumal der gestrenge Direktor Düsterwald, … wie der Name schon sagt.

Dem verschlossenen Sauerländer überkam eines Tages die Lust zu zechen. So musste er nach erfolgter Zechtour des Nachts über die Konviktsmauer steigen. Er wurde erwischt und herausgeworfen. In seine Papiere schrieb der düstere Direktor Düsterwald: „Wegen Wirtshausbesuchs" entlassen.

Karl Joseph Schulte muss sich wohl von Gott zum Priester berufen gefühlt haben. Denn er versuchte es jetzt im Bistum Paderborn. Er wurde Religionslehrer, Repetent, Professor und schließlich mit 38 Jahren Bischof von Paderborn. 1920 wählten ihn elf

von zwölf Domkapitularen zum Erzbischof von Köln. Die fehlende Stimme wird doch nicht vom Domkapitular Düsterwald gewesen sein?
Als Erzbischof Schulte von seiner Kirche, dem Kölner Dom, Besitz ergriff, reichte ihm jedenfalls kein anderer den Weihwasserwedel als Confrater Düsterwald. Der wegen Wirtshausbesuchs seinerzeit religierte neue Bischof zitierte, seinen Mitbruder fixierend, auf Latein das Brevier, und zwar den Psalm 117. Dort heißt es:

„Der Stein, den die Bauleute verworfen haben,
siehe, er ist zum Eckstein geworden."

Confrater Düsterwald kannte natürlich ebenfalls sein Brevier und antwortete mit dem darauffolgenden Vers aus Psalm 117:

„Durch den Herrn ist das geschehen,
und wunderbar ist es in unseren Augen."

Nach so viel Versöhnlichkeit werden beide hoffentlich zusammen ins Wirtshaus gegangen sein.

Was Gott verhüten möge: Gott sei Dank

Die Frage nach Gott beschäftigt alle Welt kontinuierlich.
Im September 1985 gab der Generalsekretär der KPdSU Gorbatschow, damals noch neu im Amt, der

englischen „Times“ über die Abrüstung ein Interview. Darin beschwor er das Eingreifen Gottes. So als könne es ohne göttliches Eingreifen keine Abrüstung geben. Dass ein kommunistischer Generalsekretär das Wort Gott in den Mund nimmt, ist ungewöhnlich. Prompt machte der Italiener Forattini daraus eine Karikatur. Auf dem Roten Platz sieht man Gorbatschow knien und die Augen zum Himmel richten. Dabei spricht er:
Oh Gott, hilf mir! Gott antwortet aus dem Himmel: Ich würde es ja gerne tun, wenn ich nur existierte.
Man wird an den Dialog der beiden Kolchosebäuerinnen erinnert, den die Theologin Dorothee Sölle überliefert hat: Gott sei Dank bekommen wir gutes Wetter, sagt die erste Bäuerin. Darauf die zweite: Aber du weißt doch, dass es, Gott sei Dank, keinen Gott gibt. Darauf wieder die erste: Wenn es aber, was Gott verhüten möge, doch einen gibt?
Sogar dem berühmten französischen Philosophen Sartre passierte in dem Werk „Ist der Existentialismus ein Humanismus?“ gleich auf der ersten Seite ein Lapsus.
Dieu merci, also Gott sei Dank, sagte er da, was für einen Atheisten ungewöhnlich ist. Es scheint, als könnten selbst Atheisten Gott aus unseren Redensarten nicht tilgen.
Die Deutschen wurden turnusmäßig von Meinungsforschungsinstituten befragt, ob sie an Gott glaubten. 1999 gab ein bekanntes Nachrichtenmagazin wieder solch eine Studie in Auftrag. Man möchte es

nicht glauben, aber 65 Prozent der Deutschen glauben demnach an Gott. Man merkt es bei den Fußballspielen. Was da gebetet wird!
Als Abkürzung von Herr Jesus: Herrje!
Als Ausruf: Mein Gott!
Als Ausruf mit gleichzeitiger Verneinung: Mein Gott, nee!
Mein Gott, nee, möchte man auch dem Entertainer Supa Richie zurufen, der seine Fangemeinde zum Glauben anhält: „Du musst nur an ihn gläuben tun, dann hilft er dich bestimmt“. Ja, wir müssen gläuben. Sonst haben wir fertig …
Vor Jahren schon sagte der berühmte Theologe Karl Rahner:
Gott sei Dank gibt es nicht, was die meisten Deutschen sich unter Gott vorstellen. Und so ist es auch.

Missa brevis

Der Pfarrer kam aus der Sakristei, trat vor die Leute, machte das Kreuzzeichen und...was sahen seine Augen? Lauter mürrische, missgelaunte Gesichter. Offensichtlich von Leuten, die nur ihrer Sonntagspflicht Genüge tun wollten. (Ein schönes deutsches Wort: Genüge tun. Es sagt genug.) Und diese Pflicht sollte in der möglichst kürzesten Zeit abgewickelt werden. Als Missa brevis sozusagen.

Nun wissen wir aus der Geschichte, dass die Forderung nach einer Missa brevis durchaus Genialität zu stimulieren in der Lage ist.
Hieronymus Graf Colloredo, der Dienstherr von Wolfgang Amadeus Mozart, als Erzbischof von Salzburg mehr Landesherr als Gottesmann, zwang den guten Mozart, immer eine kurze Messe zu komponieren, was auf Latein ja nichts anderes heißt als ... Missa brevis. Als Erzbischof musste der Graf schließlich die Messe lesen, und die sollte nicht so lange dauern.
Das schienen auch die Leute unseres schon erwähnten Pfarrers zu erwarten. Und dieser kam wie Mozart auf eine geniale Idee.
Er spendete unmittelbar nach dem Kreuzzeichen den Schlusssegen und fügte ganz liturgiegemäß hinzu: Gehet hin in Frieden.
Man wird es nicht glauben, er meinte es auch wirklich. Diese Geschichte ist natürlich auch umgekehrt denkbar, dass der aus der Sakristei tretende Priester das mürrische Gesicht macht und es anlegt auf eine Missa brevis. Im deutschen Milieukatholizismus sind viele Geschichten denkbar, aber auch bei den deutschen Lutheranern. Dort kannte man im Unterschied zur fünfteiligen Missa tota die lediglich Kyrie und Gloria enthaltende Kurzmesse, auch Lutherische Messe genannt. In Leipzig hatte sie zur Bach-Zeit ihren Platz an bestimmten Festtagen im Kirchenjahr. Die Thomaner nannten sie geradezu liebevoll „halbe Mess“.

Es heißt schon bei den Lateinern:
Vita brevis, ars longa.
Kurz ist das Leben, nur die Kunst ist von Dauer.
Darum sind die Leute eilig, fortzukommen.

Vom Verdunsten des Christentums

Vor geraumer Zeit verglich der Priesterdichter Lothar Zenetti das Christentum mit Wasser.
Wasser verdunstet, das gehört zu seiner Natur.
Unser Lebensraum ist dann nicht mehr trocken, sondern angenehm befeuchtet, so sagte Lothar Zenetti sinngemäß. Christen mit einem mehr konservativen Einschlag wiesen diesen Vergleich vom verdunstenden Christentum empört zurück.
Etliche Jahre später verglich der Erfurter Bischof Joachim Wanke das Christentum mit Salz.
Nun, damit greift er auf Jesus zurück.
Aber er fügt hinzu: Wenn wir Christen Salz sind, dann müssen wir bereit sein, uns auf dem Acker der Welt unterpflügen zu lassen.
Ob Verdunsten oder Unterpflügen, das Christentum muss, so scheint es, in etwas noch Größerem aufgehen.
Das Reich Gottes ist größer als die Kirche.
Aber wir, die man wohl untergepflügt, aber nicht untergekriegt hat, suchen nach weiteren Bildern, in

denen etwas Großes in etwas noch Größerem aufgeht.
Sprach das Evangelium nicht von der Hefe im Teig? Wie ist es mit dem Licht in unseren Augen, dem Gesang in unserem Mund? Wie ist es mit dem Brot in unserer Hand, der Flamme in unserem Herzen?

Der Schnee von gestern – eine Erwägung zur Ökumene

Ein evangelischer Oberkirchenrat und ein katholischer Prälat waren miteinander befreundet, und das schon vor Zeiten, als es noch keine Ökumene gab.
Vor der Ökumene sagte der katholische Prälat zu seinen Mitbrüdern: ich spiele mit dem Oberkirchenrat vierhändig Klavier, und während er neben mir sitzt, denke ich, uns trennen Abgründe.
Als dann die Ökumene modern wurde, sagte der katholische Prälat zu seinen Mitbrüdern: Ach, ich habe schon vor Zeiten mit dem Oberkirchenrat vierhändig Klavier gespielt!
Eines Tages im Winter besuchte der katholische Prälat seinen evangelischen Freund, den Oberkirchenrat, der nahe bei einem Park wohnte. Als er sich am

Türpfosten den Schnee von den Schuhen klopfte, sagte er zu ihm: „Ich habe auf dem Weg zu dir den Schnee entweiht."
Darauf der Oberkirchenrat: „Lieber Bruder, wir haben unterschiedliche Auffassungen von Jungfräulichkeit. Bevor du kamst, habe ich einen Spaziergang im Park unternommen, um den Schnee einzuweihen."

Dem Saatgut trauen, an den Glauben glauben – zu Mt 13,1-23

Das Saatgut fällt auf steinigen Boden, zwischen die Dornen und auf den Weg. Dort kann es keine Frucht bringen, aber das eben liegt nicht an seiner Güte und Qualität, sondern an den Umständen, die sein Wachstum hindern.
So ist es auch bei unserem Wachstum im geistlichen Leben. Der Glaube ist fähig, von alleine in unserem Herzen zu wachsen, ohne dass wir uns allzu viele Sorgen darum machen müssten. Wir müssen nur die Widerstände entfernen, die sein Wachstum hindern.
Es ist wie bei der Krankenschwester, die bescheiden abwehrt, wenn ein als genesen entlassener Patient sich bei ihr zu überschwenglich bedankt: Schwester, Sie haben mich gesund gemacht!

Nein, sagt sie, das hat ihr Körper getan. Ich habe nur die Widerstände beseitigt, die ihn hinderten, das von alleine zu tun.

Betest du beim Beten?

Von einem flämischen Priester stammt die folgende Anekdote: Die Mönche eines Klosters waren in ihrer Kirche zum Chorgebet versammelt, als über der Gegend ein schreckliches Gewitter hereinbrach. Das Unwetter wurde immer bedrohlicher, so dass die Mönche plötzlich das Breviergebet unterbrachen, um dafür zu beten, dass ihr Kloster von Unheil verschont bleibe. Ja, man stelle es sich vor:
Sie unterbrechen das Gebet, um zu beten!
Könnte das nicht auch dem Frömmsten unter uns passieren? So lasst uns also prüfen, ob nicht auch unser Gebet zu einem harmlosen Wortgeklapper heruntergekommen ist, das unterbrochen werden muss, um gleich den Jüngern im Lukas-Evangelium (11,1-13) die dringliche Bitte zu äußern:
„Herr, lehre uns beten …"

Wenn wir das Vaterunser beten

In einer kleinen Pfarrei in Uruguay, nahe der brasilianischen Grenze, fanden sich diese Mahnungen zum Vaterunser.

Sage nicht: unser,
wenn du dich wie ein Egoist aufführst.
Sage nicht: Vater,
wenn du dich nicht wie ein Sohn verhältst.
Sage nicht: im Himmel,
wenn du zu erdverhaftet bist.
Sage nicht: geheiligt werde dein Name,
wenn du seinen Namen nicht verehrst.
Sage nicht: dein Reich komme,
wenn du das mit einem materiellen Resultat verwechselst.
Sage nicht: dein Wille geschehe,
wenn du seinen Willen nicht akzeptierst, wenn es schwierig wird.
Sage nicht: unser tägliches Brot gib uns heute,
wenn du dich nicht um die kümmerst, die Hunger haben.
Sage nicht: erlöse uns von dem Bösen,
wenn du gegen das Böse nicht Position beziehst.
Sage nicht: Amen,
wenn du das Wort Gottes nicht ernst nimmst.

Der zugemutete Frieden – eine Erwägung zum Weltfriedenstag

Hast du eigentlich schon einmal bemerkt, dass in dem Hauptwort „Zufriedenheit“ und in dem Eigenschafswort „zufrieden“ sich ein anderes Wort verbirgt?
Es ist das Wort „Frieden“.
Zukünftig wird dieses Wort zu einer Zumutung.
Frieden wird uns zugemutet, nicht zugeprostet.
Denn in dem Hauptwort „Zumutung“ verbirgt sich ein anderes Wort: das Wort „Mut“.
Ja freilich, bei den Friedensverträgen hat man sich immer auch zugeprostet.
Das war schon 1562 und 1568 bei den habsburgisch-osmanischen Friedensverträgen der Fall. Das wiederholte sich am Ende des Siebenjährigen Kriegs beim Frieden von Hubertusburg zwischen Preußen und Österreich.
Man prostete sich zu am Ende des Dreißigjährigen Krieges, weswegen man sich in Augsburg in dreijährigem Turnus beim Hohen Friedensfest noch immer zuprostet.
Das war der Fall beim Fall Napoleons 1807 in Tilsit und 1815 beim Wiener Kongress. Das war 1918, rund hundert Jahre später, der Fall im Deutsch-Russischen Friedensschluss von Brest- Litowsk und ein Jahr später im Spiegelsaal von Versailles.

Manchmal hat man sich beim Prosten verschluckt oder zu große Schlücke gemacht, wie offensichtlich 1978 in Camp David oder 1993 bei den Osloer Friedensverträgen.
Denn die rufen nach mehr, und der Sekt ist wegen der erhitzen Gemüter noch nicht kalt gestellt.

Im Wort Zufriedenheit
steckt das Wort Frieden,
im Wort Versöhnung
das Wort Sohn,
im Wort Begeisterung
das Wort Geist.

Vom Zeitgefühl der Christen

„Unsere Zukunft ist schon geboren, vor 2000 Jahren, im Stall von Betlehem, indem Gott Mensch wurde: Jesus, geboren aus Maria, der Jungfrau", heißt es in einem Hirtenwort des Bischofs von Aachen im November 1999.
Als sich der Bischof im Juni desselben Jahres mit dem Gründer der römischen Gemeinschaft Sant' Egidio traf, hieß es programmatisch: „Das Christentum steht erst am Anfang."
Damit zitierte man einen russischen Priester mit Namen Alexandr Men.

Was für ein Zeitgefühl die Christen doch haben!
Ihre Zukunft wurde bereits vor 2000 Jahren geboren, doch sie selbst stehen erst am Anfang.
Was für eine lange Belichtungszeit!

Von der Urerfahrung Uhr

Schon ewig oder fast ewig die Uhrerfahrung,
die Erfahrung von Zeit.
Schon die alten Ägypter vor 4000 Jahren:
Sterndiagramme in der Nacht,
Schattenzeiger am Tag.
Aber erst um 1500 bekamen unsere Turmuhren Minutenzeiger.
Seither ist uns die Zeit auf die Pelle gerückt,
mindestens bis ans linke Handgelenk.
(Nur einmal gab es die Uhr am rechten Handgelenk – als Erkennungsmerkmal bei einem Generalmanager, der beim Wechsel von einem Autokonzern in den anderen Firmengeheimnisse mitgenommen haben soll.)

Da ist die Uhr von Rilke,
eine Uhr in einem leeren Zimmer,
ein Bild für vergebliches Leben.

Da ist die Uhr vom neuen Leipziger Rathaus,

die Blaue Uhr mit Ihrer Aufschrift:
Mors certa, hora incerta,
der Tod ist gewiss, die Stunde ungewiss.
Die Leipziger übersetzen es auf ihre Weise:
todsicher geht die Uhr falsch.
Sie haben Recht damit, denn schon längst
wird uns aus Haiti vorgehalten:
Ihr habt die Uhren, wir haben die Zeit,
während sich die Russen fragen, ob es
vorwärts in die Vergangenheit
oder zurück in die Zukunft gehe.
Die Amerikaner hingegen fragen sich,
ob man das Bitte vom „Bitte einsteigen!"
zur Zeitersparnis nicht besser weglassen solle.

Ja, die Langsamkeit wäre neu zu erfinden,
denn wir dürfen nie anfangen aufzuhören.

In einem leeren Zimmer tickt eine Uhr ohne Zeiger.
Todsicher geht sie falsch.

Brotvermehrung, Zeitvermehrung

An einem abgelegenen Ort spielt sich eine wunderbare Geschichte ab (Mt 14, 13-21). Ich habe einmal die Übersetzung gefunden: an einem öden Ort. In dem Moment aber, da das Wunder geschieht, weist

Jesus die Leute an, sich ins Gras zu setzen. Als wäre dieser öde Ort plötzlich zu einer saftigen Wiese geworden! Ist das ein zusätzliches Zeichen für die messianische Fülle?

„Das Wunder ist des Glaubens liebstes Kind." Hat das nicht sogar der große Goethe gesagt? Wir sollten also nicht so sehr auf das Wunder pochen, sondern sehen, was in dieser wunder-schönen Geschichte als Handlungsanweisung für uns drin steckt. Vielleicht haben wir nichts anderes zu tun als unser Weniges, unser Geringes bereitzuhalten, damit Jesus etwas Großes daraus machen kann. Um im Bild zu bleiben: Brote und Fische, damit das Wunder geschehen kann für den Fall, dass es geschehen soll. Wunder liefert Jesus ja nicht auf Bestellung.

Die schönste Anwendung dieser Geschichte von der wunderbaren Brotvermehrung hat meiner Ansicht nach der Priesterdichter Lothar Zenetti geschaffen. (Seine Erwähnung hier soll als Zeichen der Wertschätzung verstanden werden!) Aus der wunderbaren Brotvermehrung lässt er eine wunderbare Zeitvermehrung werden. Viele von uns haben ja Brot satt, aber an Zeit mangelt es ihnen. Akuter Zeitmangel prägt unsere Zeit.

Nur Einer von Vielen hat noch fünf Termine frei. Zur Not dazu zwei Viertelstunden. Lächelnd nimmt Jesus die fünf Termine und die beiden Viertelstunden in die Hand, spricht das Dankgebet und lässt die vermehrte Zeit unter den Menschen austeilen.

Der Autor

Michael Zielonka, geb. 1942, nach Eisenbahnerlehre und Abendabitur Studium der Philosophie, Theologie und Romanistik in Paris, Bayeux, Innsbruck und Rom. Priesterweihe 1973. In den 30 Jahren seither war er Kaplan, Gymnasiallehrer, Auslands-, Hochschul-, Militär- und Gemeindepfarrer. Seit 1998 freier Publizist und Schulseelsorger in Krefeld.